URFLÜSTERN

Wanderungen zu Kraftplätzen im Hainich
und zwischen Eisenach und Jena

Die Sphinxgrotte im Weimarer Stadtpark

NIKOLA HOLLMANN
UND ANDREA SLAVIK

URFLÜSTERN

Wanderungen zu Kraftplätzen im Hainich
und zwischen Eisenach und Jena

mitteldeutscher verlag

INHALT

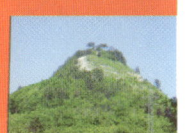

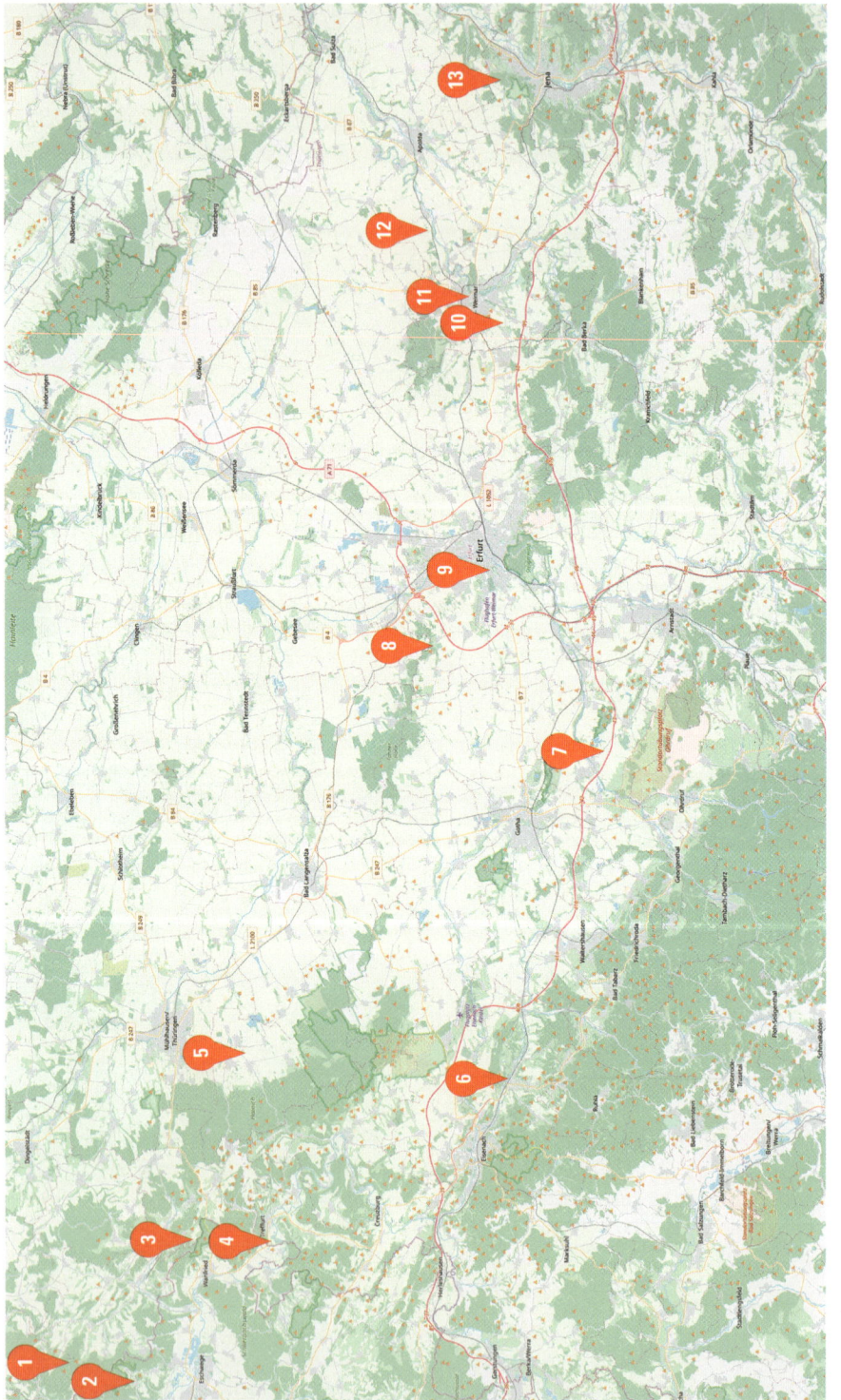

VORWORT

Was hat ein Wanderbuch mit „Ur-Flüstern" zu tun, werden Sie sich vielleicht fragen, wenn Sie dieses Buch in die Hand nehmen. Spüren, fühlen, wahrnehmen – sich ganz den Orten und der Natur hingeben. Hören und verstehen, was die Kraftorte und die Natur uns zuflüstern wollen. In Resonanz gehen mit der Natur, mit einem mystischen Platz, mit seiner Kultur, Religion und Spiritualität Kontakt aufnehmen. Das ist Urflüstern für uns.

Wir machen uns auf den Weg, bewegen den Körper, befreien den Geist und erzählen von unseren Erlebnissen, von dem, was wir gehört und gesehen haben.

In diesem Wanderbuch finden Sie Touren-Vorschläge, auf denen Sie etwa im Hainich fast unberührte Natur erleben, aber genauso führen wir Sie mitten durch Erfurt: Die reinigende und belebende Kraft der Natur lässt sich eben nachweislich auch in den Städten erleben.

Die bewegte Geschichte Thüringens begegnet uns von den Grenzerfahrungen der jüngsten deutschen Vergangenheit wie am Kolonnenweg auf der Gobert bis zu den Ausgrabungsstätten der frühesten steinzeitlichen Zeugnisse wie in Weimar. Dazu die Klassik, Goethe, Wieland und die einflussreiche Herzogin Anna-Amalia.

Es ist uns deshalb eine große Freude, Ihnen 13 besondere Wanderungen in dieser kulturell so reichen Region mit ihrer wunderschönen Natur näherbringen zu dürfen und Ihnen von unseren Erfahrungen auf diesen Wegen zu erzählen.

Kleine Texte oder Gedichte, Anregungen und Rituale, die Sie im Anschluss an jede Wanderung finden, laden dazu ein, die Kraftplätze noch intensiver und noch individueller zu erfahren.

Machen Sie Ihre eigenen Erfahrungen, lassen Sie sich von Ihrer eigenen Intuition und Wahrnehmung führen.

Andrea Slavik und **Nikola Hollmann**

Blick in die Eibe

1

DER WEG DER EIBEN –

im Naturschutzgebiet Lengenberg

Wenn wir uns auf den Weg machen, dann haben wir meistens einen bestimmten Ort zum Ziel: ein Kloster, eine Burg, eine Kirche, eine Quelle, ein Moor oder eine besondere Felsformation. Diese Wanderung widmen wir einem bestimmten Baum, oder besser: einem der größten Vorkommen dieses Baumes in Thüringen, sogar in Mitteleuropa. Fast 6.000 Eiben wachsen im Naturschutzgebiet Lengenberg – und zahlreiche von ihnen zeigen sich uns auf dieser Runde.

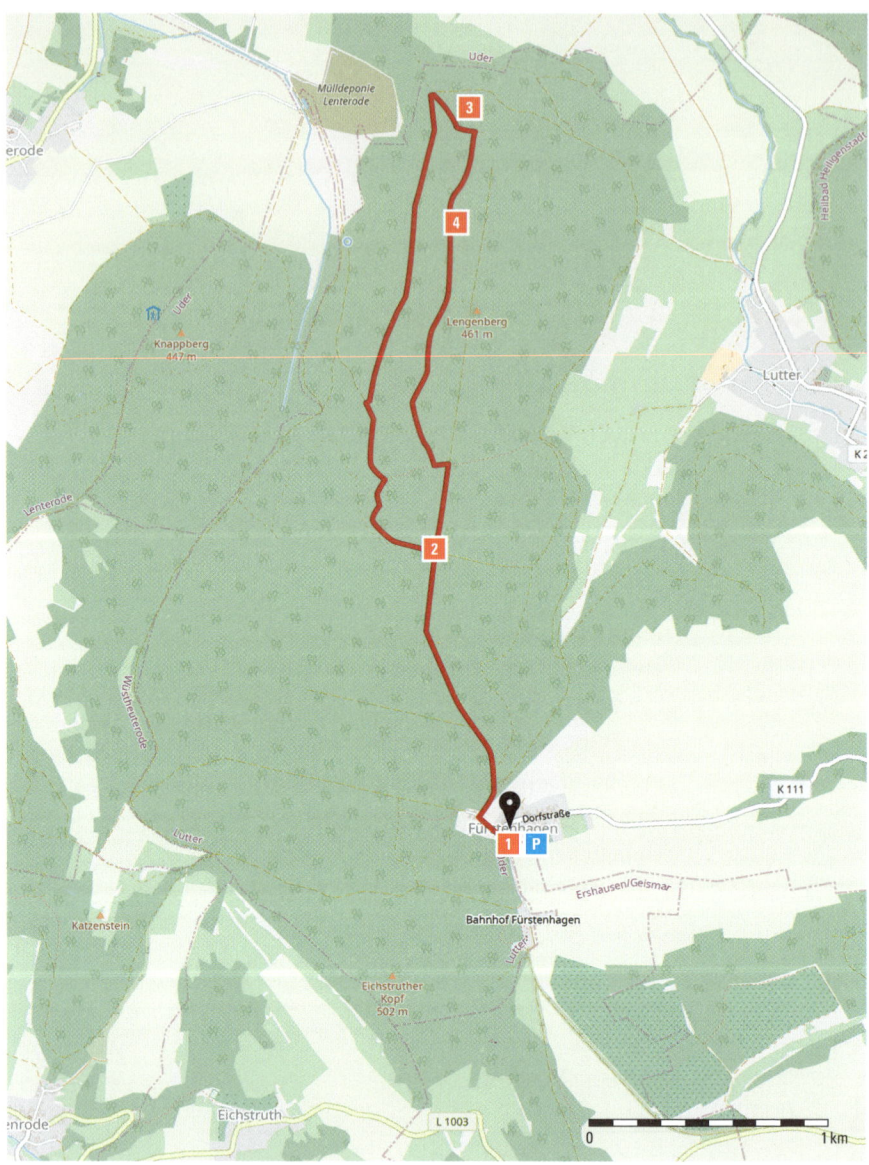

Start/Ziel: Parkplatz am Naturparkhaus,
Dorfstraße, 37318 Lutter-Fürstenhagen
Länge: 7,5 Kilometer
Gehzeit: 2:30 Stunden
Aufstieg/Abstieg: 151 Meter

1 Naturparkzentrum Fürstenhagen
2 Blockhütte
3 Visionsplatz
4 Eibenkreis

Die Eiben färben den Wald dunkelgrün

Am Naturparkzentrum

WEGBESCHREIBUNG

Vom Parkplatz sind es etwa 500 Meter bis zum Naturparkzentrum. Der Eibenweg beginnt jedoch in der entgegengesetzten Richtung aus dem Dorf heraus. Der mit den Beeren der Eibe und einer grünen Diagonale auf einem einfachen Holzschild markierte Weg zweigt gut markiert bald vor einem Haus nach rechts ab.

An der Blockhütte im Wald geht es nach links weiter, und bald begegnen wir den ersten Eiben. An einer Abzweigung nach rechts steht eine Info-Tafel und wir folgen dem Rundweg nach rechts.

Links von uns sind im Tal Wiesen erkennbar, und dort, wo der Weg nach rechts einschlägt, um nördlich um den Berg herum zu führen, zweigt in der Kurve die Alternativroute des Eibenweges ab. Wir entscheiden uns ebenfalls für diese Variante und steigen steil aufwärts.

Nach dem extremen Aufstieg folgen wir den Schildern bei erster Gelegenheit nach rechts. Dieser Weg und seine Markierungen führen uns wieder zurück. Schließlich folgen wir dem Pfad nach links und schwenken nach rechts in den breiten Forstweg ein. Dieser führt an der Blockhütte vorbei wieder zurück nach Fürstenhagen.

WEGERLEBNISSE

AS: *An einem Neumondtag ruft uns der Eibenwald, in seinen Bann zu treten: Leben, Gift, Tod, Anderswelt, Magie, Schicksal. Diese Worte kommen mir in den Sinn, wenn ich an den magischen*

Die Scheinbeeren – nur das rote Fruchtfleisch ist nicht giftig

Der Stamm der Eibe

Baum denke. „Wenn es heiß genug ist, dann kann man durch die aufsteigenden Gifte der Eibe wie in eine Trance fallen", berichte ich Nikola ganz aufgeregt. Sie nickt gelassen, und ich weiß nicht, ob sie froh oder enttäuscht ist, dass sich der späte Nachmittag kühler präsentiert als vorhergesagt.

NH: Ich verrate es Andrea nicht, aber auch wenn mich das Experiment gereizt hätte, so bin ich doch ganz froh, dass es nicht mehr so heiß ist. Ich habe gelesen, dass selbst der Staub giftig ist, der beim Schleifen des Eibenholzes entsteht, und wer weiß schon, wie es sich mit dem gasförmigen Toxin verhält, das an warmen Tagen aufsteigen kann?

Ich begegne der Pflanze mit größtem Respekt. Und das nicht nur wegen der Tatsache, dass alles an ihr giftig ist, außer den roten Scheinbeeren, sondern auch, weil er wahrscheinlich auch gerade aus diesem Grund in der Mythologie als heiliger Baum angesehen wird. Wenn ein erwachsener Mensch auf die Idee käme, Eibennadeln zu essen, dann würden nur 50 bis 100 Gramm ausreichen, um ihn zu töten.

Ich kenne die Eibe vor allem von Friedhöfen, und allein die Vorstellung, auf dem Lengenberg einen ganzen Eibenwald zu betreten, hatte mich sehr neugierig gemacht. Würde ich eine besondere Energie spüren, was würde ich empfinden? So warte ich am Anfang unseres Weges ungeduldig auf die ersten Bäume, die sich lange nur vereinzelt zeigen.

Uns wird bewusst, dass die Eibe tatsächlich ein in seinem Bestand bedrohter Baum ist. Nicht zuletzt, weil

Hier könnte man gut Geschichten schreiben (oben);
Ist da ein Waldmännchen zu sehen? (unten)

die Pflanze auch für Pferde und andere Nutztiere gefährlich ist, wurde die Eibe früher ausgemerzt, um die für das Überleben der Menschen notwendigen Tiere zu schützen, die zur Arbeit oder zur Weide in den Wald gebracht wurden. So ist die Eibe inzwischen eine bedrohte Art, die unter Naturschutz steht, damit sie überhaupt erhalten bleibt.

Ein anderer Grund für ihr Verschwinden ist ihre intensive Nutzung zu der Zeit, als es noch keine Feuerwaffen gab: Die gesamte englische Armee etwa war mit Bögen aus Eibenholz ausgerüstet, das genau die richtigen Eigenschaften für einen Bogen aufbringt, nämlich flexibel und stark gleichzeitig zu sein. Sogar der botanische Name „Taxus baccata" leitet sich von dieser Verwendung ab, denn das griechische Wort für Bogen lautet „toxon". Interessant, dass sich also letztlich das Wort „toxisch", das sich heute in der Medizin für giftig eingebürgert hat, mit der Eibe in Verbindung bringen lässt. Und zwar nicht nur, weil der Baum an sich so giftig ist, sondern auch, weil die Römer behaupteten, dass die Germanen die Spitzen ihrer Pfeile aus Eibenholz mit Eibengift versehen haben sollen. Eine im wahrsten Sinne „toxische" Verbindung.

AS: *Je länger wir gehen, umso intensiver werden meine Wahrnehmungen und umso mehr Eiben begegnen uns. Eine tiefe innere Stille überkommt mich. Die Sonne steht schon nahe am Horizont, und das Licht verändert sich. Die Kontraste werden verwaschen und die Farbtöne weich und fließend. Wir sprechen nicht viel. Jede geht ihren Weg und die Stimmung ist meditativ und beschaulich.*

Der Forstweg leitet uns moderat und ohne Anstrengung voran, bis sich uns eine Abzweigung bietet, die steil bergauf führt. Der Weg zwingt uns, langsamer zu werden. Der Hohlweg wird gesäumt von Buchen und Eiben: Die Wurzeln der Bäume zeigen sich in Verbindung mit Steinen und Erdreich. Hier wird sichtbar, wie sehr sich die Eibe von den anderen Bäumen unterscheidet.

Die Wurzeln halten sich in den Steinen

NH: Ihre Wurzeln reichen weit hinein in die Erde, und ihre Äste setzen schon sehr tief an, so dass auch ihr sichtbarer Teil sich direkt über der Erde weit verzweigt, fast genauso wie das Wurzelwerk darunter. Es ist sehr wahrscheinlich, dass der Yggdrasil, der Lebensbaum aus der nordischen Edda-Sage, dessen Zweige sich in gleicher Weise in den Himmel wie in die Erde ausbreiten, eine Eibe ist. Weil sie in der Sage als „wintergrüne Nadelesche" bezeichnet wird, gilt vielen die Esche als Yggdrasil, aber diese hat weder Nadeln, noch ist sie immergrün. Und auch der Wuchs der Eibe spricht eher dafür, dass sie der heilige Baum ist.

AS: *Noch bevor der Weg nach rechts abzweigt, zieht es mich nach links in den Wald auf eine Art Vorsprung. Mehrere*

Eiben stehen dort zusammen, fast wie in einem Baumkreis. Ich winke Nikola zu mir, und gemeinsam können wir endlich einen Eindruck bekommen, wie es sich anfühlt, unter einem Dach aus Eiben zu stehen.

NH: Anders als den Dichtern des 18. und 19. Jahrhunderts galt die Eibe den Kelten nicht nur als Symbol für den Tod. Für sie war die Eibe auch der Baum der Wiedergeburt und des Lebens nach dem Tod. In den keltisch geprägten Ländern Irland, England und in der Bretagne dürfen bis heute die zahlreichen Eiben auf Friedhöfen nicht angetastet werden, weil der Volksglaube besagt, dass aus jedem Toten eine ihrer Wurzeln herauswachse.

AS: *„Hier würde ich gerne mal eine Nacht in der Natur verbringen", entkommt es mir. Wir setzen uns auf den Waldboden unter die Eiben. Und auch wenn es heute nicht heiß genug ist, um durch die Dämpfe in Trance zu fallen, schließe ich meine Augen:*
Ich sehe einen jungen Mann. Er trägt einen Umhang aus Blättern. Er ist eins mit dem Wald. Begleitet wird er von einem älteren mit langen, weißen Haaren. Der Junge ist blind. Aus seinen Augen scheint alles Leben verschwunden zu sein. Der Druide führt ihn an einen Ort unter den Eiben. „Du bist zu mir gebracht worden, um das Wissen unserer Ahnen zu erlernen. Ich weiß noch nicht, ob du würdig bist, mir nachzufolgen. Heute Nacht

Es raschelt im mystischen Wald hinter uns (links); Die Elben bilden ein schützendes Dach (rechts)

wirst du allein im Wald bleiben. Morgen werde ich entscheiden, ob ich dich unterrichten werde", verkündet der Druide, und der junge Mann nickt nur stumm. Auf seinem Gesicht zeigt sich keine Regung von Furcht. Der Druide legt dem Jungen seine Hand auf die Schulter, drückt sie kurz und verschwindet daraufhin lautlos zwischen den Bäumen.

„Wie kann ich dem Meister beweisen, dass ich würdig bin, ihm nachzufolgen, auch wenn ich das Augenlicht nie kennengelernt habe? Wie kann ich ihm zeigen, dass ich mehr ‚sehe‘ als er?", fragt sich der junge Mann und legt sich flach auf den Waldboden. Er nimmt seinen Bogen aus Eibenholz, fährt mit den Fingern über die glatte Wölbung und die gespannte Sehne. Etwas raschelt neben ihm, ein Käfer, der sich seiner Hand nähert. Der Junge

zieht sie weg und lässt den Käfer weiterkrabbeln. Wie kann er dem Druiden erklären, dass er ohne Augen sehen kann? Seit seiner Geburt kennt er nur die Dunkelheit. Doch diese Dunkelheit ermöglicht es ihm, den Wald mit allen anderen Sinnen wahrzunehmen. Er erkennt jedes Tier an seiner Bewegung, er spürt die Bäume, er hört den Regen, er riecht die Menschen. Er ist der beste Jäger seiner Familie, und während er seinen Bogen spannt und auf das Tier zielt, ist es, als ob er stumm um Erlaubnis bäte und die Tiere es zuließen, dass er sie tötet. Seinem Vater wurde der Sohn immer unheimlicher, und er wusste sich nur den einen Rat: ihn zum Druiden zu bringen. Und jetzt war er da. Musste sich beweisen …

Etwas knackt neben mir. Nikola steht auf. Ich öffne die Augen, und wir entscheiden uns weiterzugehen. Das Bild

Hat unter diesen Eiben der junge Druide geschlafen? (oben); Schattenspiele auf dem glatten Buchenstamm (unten)

des jungen Mannes verschwindet. Die Eiben haben mich in eine andere Welt entführt. Der junge Mann: Wie wird es ihm ergehen? Wird er mir noch einmal begegnen? Oder der Druide?

NH: Der extrem steile Anstieg führt uns auf den Rücken des Lengenberges. So entspannend und meditativ wir den Forstweg unter uns empfunden haben, so spannend und aufregend empfinden wir den Pfad hier oben. Hier wachsen Eiben in allen Formen und Größen, sie fügen sich einzeln unter die Buchen, sie stehen in Gruppen beieinander – ihre immergrünen Nadeln bilden ein tiefgrünes Dach, oft breiter als hoch. Ich finde die Widersprüchlichkeit des Baumes spannend: Die Eiben sind Schattengewächse, aber manchmal geben die Buchen mit ihren ho-

hen Stämmen und dem dichten Laub selbst ihnen zu wenig Licht. Anderseits bekommen ihre Nadeln bei zu viel Sonne sogar Sonnenbrand. Anders als die anderen Nadelbäume ist die Eibe zweihäusig, das heißt, dass die weiblichen und männlichen Blüten an unterschiedlichen Bäumen wachsen. Und obwohl sie einerseits hochgiftig ist, kann andererseits ein sehr wirksames Krebsmedikament aus der Eibe gewonnen werden.

AS: *Es knackt neben mir. Ich drehe mich um. Nichts! Enttäuscht gehe ich weiter.*
Ich bitte die Eiben, mir die Geschichte weiterzuerzählen, doch um mich herum bleibt es stumm, nur der Wind rauscht sanft durch das Blätterdach. Der Baum der Anderswelt hat mich in seine Illusion gesponnen – jetzt will

Ist das der Stab des alten Druiden?

er mich wieder freigeben. Wir kehren zurück auf den Forstweg und in die Realität. Ich hoffe, die Geschichte des jungen Druiden im Eibenwald wird von einer anderen zu Ende erzählt …

TEXT: ZITATE ÜBER EIBEN

„Abwärts senkt sich der Weg von trauernden Eiben umdüstert führt er durch Schweigen stumm zu den unterirdischen Sitzen."
Ovid (43 v. Chr.–18 n. Chr.)

Eine besonders schön gewachsene Eibe

„Derweil ich unter dieser Eibe schlief, träumt ich, mein Herr und noch ein anderer föchten, und er erschlüge jenen."
Aus Romeo und Julia von
William Shakespeare (1564–1616)

ANREGUNG: GESCHICHTEN ERZÄHLEN

Wenn du möchtest, dann erzähle die Geschichte vom jungen Druiden im Eibenwald zu Ende. Bei den Kelten war die Kunst des Geschichtenerzählens eine spirituelle Berufung. Es gab Druid*innen, Seher*innen und Bard*innen. Und die Bard*innen hatten die Aufgabe, Geschichten zu erzählen und damit die Menschen am spirituellen Leben teilhaben zu lassen. Es wurde nicht aufgeschrieben, sondern mündlich erzählt. Also wenn ihr es so machen wollt wie die Kelten und Germanen: Erzählt euch gegenseitig die unterschiedlichsten Geschichten.

RITUAL: NATURERFAHRUNG

Die Eibe ist der Baum der Anderswelt. Durch sie kann man über die Grenze gehen – im wahrsten Sinne des Wortes. Geh durch den Wald und suche dir deine eigene, ganz spezielle Eibe aus. Leg deine Hände auf ihren Stamm und schließ die Augen. Gehe ganz in dich und spüre die Verbindung: Was will dir die Eibe sagen? Hat sie einen Rat für dich? Spürst du ihre Energie? Kannst du ihr etwas zurückgeben? Nimm dir mindestens fünf Minuten Zeit für diese Zwiesprache und bedanke dich danach bei deiner Eibe.

Auf dem Kolonnenweg

2

DER WEG DER GRENZERFAHRUNGEN —

im thüringisch-hessischen Grenzland auf der Gobert

Eine Fülle an Eindrücken und Erlebnissen erwartet uns auf diesem Weg. Es geht entlang der Grenze, der historischen von 1837 zwischen dem Königreich Preußen und Kurhessen, die später zur Grenze zwischen Thüringen und Hessen wurde und dann – wie am alten Kolonnenweg sehr eindrücklich sichtbar ist – die beiden deutschen Staaten trennte. Wir freuen uns an unserer Freiheit und an der Natur, die uns mit ihrer Fülle umgibt, uns mit ihren Farben, ihren Gerüchen immer wieder schier überwältigt.

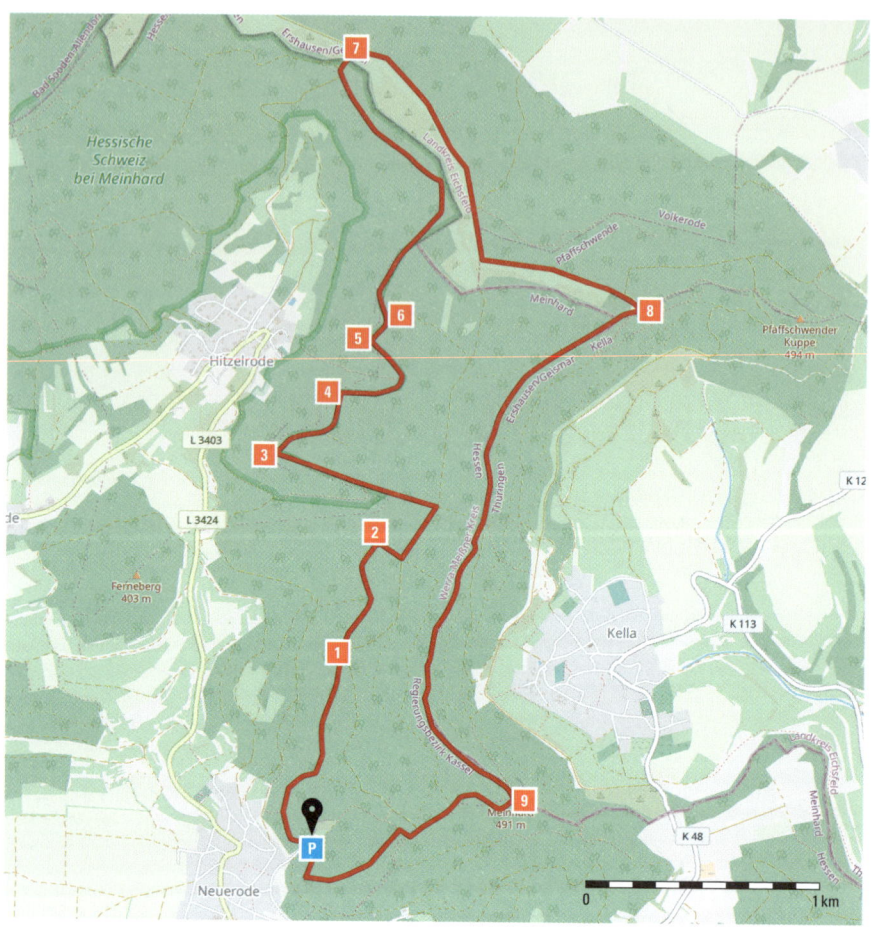

Start/Ziel: Wanderparkplatz Alter Steinbruch,
Am Meinhard, 37276 Meinhard-Neuerode
Länge: 11,5 Kilometer
Gehzeit: 3:30 Stunden
Aufstieg/Abstieg: 154 Meter

1 Willi-Schein-Hütte
2 Blitzstein
3 Salzfrau
4 Pferdeloch
5 Wolfstisch
6 Kalkofen
7 Grenzzaun
8 Grenzeck
9 Silberklippe

WEGBESCHREIBUNG

Ausgangspunkt dieser Runde ist der Wanderparkplatz „Alter Steinbruch" in Neuerode. Zunächst orientieren wir uns an dem Rundwanderweg mit der Nummer 6, der uns in Richtung Aussichtspunkt Willi-Schein-Hütte begleitet. Wir nehmen also den geschotterten Weg, der vom Parkplatz links wegführt.

Hinter der Hütte biegen wir links ein.

Was will uns der Blitzstein erzählen?

Die Salzfrau

Auch dieser Pfad ist mit der 6 markiert und führt uns zum Blitzstein, an dem wir rechts und an der nächsten Kreuzung nach links abbiegen.

Am Rastplatz Gobert wenden wir uns nach links, Richtung Salzfrau. Um zu ihr zu gelangen, wandern wir an der nächsten Abzweigung geradeaus in das Naturschutzgebiet. In der Rechtskurve führt ein Abstecher zum Aussichtspunkt an der Salzfrau.

Anschließend wandern wir weiter auf dem fast ebenen Höhenweg, immer mit Blick in die hessische Schweiz. Das Pferdeloch und der Wolfstisch liegen am Weg. Nach dem Kalkofen zweigt ein Weg nach rechts ab, wir bleiben aber auf unserem Pfad, mehr oder weniger auf gleicher Höhe geradeaus, bis wir auf eine große Wegkreuzung stoßen, an der wir den ersten Weg nach rechts wählen, der von der kleinen Fahrstraße gleich wieder abzweigt.

Er führt uns auf die ehemalige Grenze. Ein Rest des Sperrzaunes und der heute „Grünes Band" genannte Streifen sowie der Kolonnenweg erinnern noch an die gar nicht ferne Vergangenheit. Wir schwenken nach rechts in den Kolonnenweg ein.

Nach einem Anstieg folgen wir dem Kolonnenweg im rechten Winkel nach links und lassen uns von ihm bis zum Grenzeck führen – mit grandioser Aussicht auf das thüringisch-hessische Grenzgebiet.

Unsere Route führt weiter nach rechts auf dem Pfad, der der Hangkante am nächsten ist. Auf dem alten Grenzweg schlängelt sie sich durch wunderschönen Wald, begleitet von alten Grenzsteinen.

Schließlich erreichen wir eine Kreu-

Am Beginn treten wir in den mystischen Wald (oben); Wir folgen den Pfeilen (unten)

WEGERLEBNISSE

AS: *Zeitreisen haben mich immer schon fasziniert. Vom eigenen Wissensstand aus in die Vergangenheit oder in die Zukunft zu reisen, Situationen zu erleben und Menschen zu treffen, die man nur aus historischen Geschichten kennt. Ich würde viel dafür riskieren – auch mein Leben? Aber so weit muss ich zum Glück nicht gehen. Diese Grenzerfahrung kann ich innerhalb von nur wenigen Stunden auf der Gobert entlang der ehemaligen Grenzen machen: Ich hatte das Gefühl, als reisten wir durch die Jahrtausende.*

NH: Spätestens am Rastplatz Gobert weiß ich, dass ich willkommen bin: Es ist, als hätten wir eine Einladung zu einem Festmahl, und die Gastgeberin Natur erwarte uns genau da, wo ein Schild den Beginn des Naturschutzgebietes markiert. Verheißungsvolle Düfte empfangen uns, der Boden ist weich, als hätte man eigens für uns Teppiche ausgelegt. Sogar der Himmel ist reingewaschen an diesem Tag, so dass wir von der felsigen Kante am Aussichtspunkt „Salzfrau" weit hinein schauen können in die Hessische Schweiz, die sich hier auch Frau-Holle-Land nennt. Die Legenden erzählen von Salzträge-

zung, an der wir zunächst den Wegschildern geradeaus in Richtung Silberklippe folgen. Achtung: Die Route zweigt sofort danach nach rechts ab und folgt dem Rundweg mit der Nummer 6 weiter auf dem historischen Grenzweg bis zur Silberklippe. Der Weg führt bis zu einer kleinen Schlucht. Aufwärts geht es auf dem Grenzweg bis zum Aussichtspunkt auf der Silberklippe und dort links von einer Bank nach rechts weiter.

Der Weg ist nun wieder mit der 6 markiert und führt bis zu einer großen Kreuzung und dort nach links Richtung Wanderparkplatz Neuerode. Nur wenige Meter weiter biegen wir nach rechts ab und dann an einer Gabelung links. Extrem steil geht es schließlich hinunter zurück zum Parkplatz.

Ausblick vom Grenzeck

rinnen, die hier gerastet haben, oder von Schmugglerinnen, die von hier oben Signale ins Tal gesendet haben.

AS: *Die „Salzfrau" nimmt ihr rotes Tuch von den Schultern. Sie wartet. Ihr Blick schweift weit über das Land. Sie steht an der Felskante und gibt ihrer Schwester Marie im Tal das Zeichen. Die Grenze ist frei, niemand wird heute den Schmuggel des weißen Goldes aufhalten. In einigen Stunden wird es dunkel sein und Maries Umrisse werden sich mit dem Wald vermischen. Sie wird im Dunkeln verschwinden. Bis morgen wird der Handel gemacht und das Leben für sie beide und ihre Kinder für einige Monate gesichert sein. „Wären doch nur unsere Männer nicht bei der harten Arbeit gestorben", denkt sie und beeilt sich, zurück ins Tal zu kommen.*

NH: Mit Blick auf den Hohen Meißner, an dem sich viele Frau-Holle-Sagen erhalten haben, vergesse ich die Salzfrau. Mir kommt stattdessen der Gedanke, dass es Frau Holle gewesen sein mag, die uns diesen Empfang mit Düften und weichem Boden bereitet hat, die Erdengöttin, die Göttin der allumfassenden Natur. Manchmal habe ich solche Momente, wo ich mich dieser personifizierten Natur ganz nahe fühle – immerhin trage ich die Frau Holle in meinem Familiennamen.

AS: *Er dreht sich um. Rosa stößt eine dampfende Wolke in die kalte Novemberluft. Sanft streicht er ihr nochmal über die weichen Nüstern. Gerne würde er sie drücken und ihr einen sanften Kuss auf den Hals geben, aber dafür ist er jetzt schon zu groß. Mit seinen*

Dorfes Hitzelrode angeblich während des Dreißigjährigen Krieges versucht haben soll, sich und ihr Vieh vor Angreifern zu schützen, erreichen wir den Wolfstisch.

Der Stein, der seitlich mit einer starken Buche verwachsen ist, bildet tatsächlich einen großen Tisch, 180 Zentimeter hoch und an allen Seiten überstehend, dass man ihn nicht erklimmen kann. Wie diese aus Muschelkalk entstandene Platte geologisch zu erklären ist, das kann man auf einer Tafel nachlesen. Viel spannender finden wir die Geschichten, die sich um den Wolfstisch ranken und die ihm eine kultische Bedeutung als Opfertisch zuschreiben oder vermuten, dass hier einst ein Gerichtsplatz gewesen sein könnte.

Ich nähere mich dem Tisch von allen Seiten, genieße die Ruhe des Ortes und versuche, Andrea nicht zu stören, die sich spontan entschlossen hat, hier ein Ritual zu begehen.

fünfzehn Jahren kann er sich das nicht mehr erlauben. Und so wendet er sich ab von der glänzend braunen Stute, die unruhig von einem Huf auf den anderen steigt. Langsam drückt er sich an den Tieren vorbei, die sich zwischen den Felsen versammelt haben. Eng an eng stehen sie in der schmalen steilen Schlucht: Pferde, Kühe, Schafe, Ziegen. Hoffentlich wird keines der Tiere sich zu sehr erschrecken. Wenn eines der Pferde sich das Bein bricht, dann können sie es vergessen. „Hoffentlich passiert meiner Rosa nichts", denkt der Junge und geht schweren Herzens hinunter ins Tal. Immer auf der Hut, nicht den patrouillierenden Soldaten zu begegnen. Das Vieh bleibt versteckt zwischen den Klippen.

NH: Am Pferdeloch vorbei, wo die Bevölkerung des darunter liegenden

AS: *Der Nebel zieht vom Tal herauf. Die Frau ist bekleidet mit einer langen braunen Kutte. Sie murmelt etwas vor sich hin und konzentriert sich auf die Menschen, die ihr gegenüberstehen: Es sind alles Männer. Sie haben sich für den Kampf gerüstet. Schon aus der Ferne waren die einfallenden Horden zu*

Die Gedenkstelle   An der ehemaligen Grenze

sehen. Mit Bögen und Schwertern zu
Fuß und zu Pferd nähern sie sich der
Siedlung. Hier auf den Klippen schützt
die Wallburg die Menschen und ihr
Hab und Gut. Im schlimmsten Fall
müssen sie ihre Tiere und Habselig-
keiten gegen die Angreifer verteidigen.
Die Seherin lässt eine Taube in die Luft
fliegen und will aus dem Flug des Tie-
res das Schicksal ihres Volkes lesen. Der
weiße Vogel kreist einige Male über der
versammelten Gruppe, dreht dann ab,
und plötzlich fällt etwas wie ein Stein
vom Himmel. Die Taube erhält einen
Schlag, taumelt in der Luft, und bevor
sie sich wieder fangen kann, schlägt der
Greifvogel seine Krallen in ihren Kör-
per und tötet sie mit einem gezielten
Biss ins Genick. Dies alles geschieht so
schnell, dass die Gruppe von Menschen
unter dem Geschehen nur staunend zu-
schauen kann. Die Seherin wirft den

Kopf in den Nacken, und ein lauter
verzweifelter Schrei löst sich aus ihrer
Kehle.

NH: Als wir auf den ehemaligen
Grenzstreifen treten, bleiben wir
unwillkürlich stehen. Es ist an diesem sonnigen freundlichen Tag
schlicht eine Überforderung, sich
vorzustellen, dass hier noch vor gut
30 Jahren die unerbittlich mit Waf-
fengewalt und riesigen Anlagen be-
wehrte unüberwindliche Grenze war.
Wir überqueren die grasbewachse-
ne Schneise, wo an dieser Stelle
zur Erinnerung ein Stück des alten
Zauns erhalten ist, und setzen unsere
Wanderung auf dem Kolonnenweg
fort. Dort, wo sich einst die Grenz-
truppen bewegten, wachsen aus den
Steinen Kräuter, Blumen und junge
Baumtriebe. Wir wandern für einige

Die Natur erobert sich den Grenzweg zurück (oben); Ein historischer Grenzstein (unten);
Der Kolonnenweg scheint sich ewig zu ziehen (rechts)

hundert Meter auf den Betonplatten. Immer wieder folge ich mit dem Blick dem „Grünen Band". So nennt man den Streifen heute, auf dem sich seit der Wiedervereinigung die Natur entlang der ehemaligen Grenze wieder ausbreiten darf. Zahlreiche Tier- und Pflanzenarten, die als bedroht gelten, haben hier einen Lebensraum gefunden.

Ich frage mich, ob ich als Deutsche dieses Stück des Weges anders erlebe als Andrea als Österreicherin. Es ist für uns beide so selbstverständlich, miteinander zu reisen und uns frei zu bewegen. Dass Freiheit aber eben keine Selbstverständlichkeit ist, das lässt sich hier nicht übersehen.

AS: *Ich gehe entlang einer „Todeszone". Mir ist heiß – aber nicht nur wegen dem schwülen Wetter, vor allem wegen*

der Vorstellung, dass hier Menschen einfach erschossen wurden. Immer wieder sind Bilder in meinem Kopf: Ich sehe Flutlichter, höre Schreie, spüre Hoffnung und den Wunsch nach Freiheit. Und dann hallt ein Schuss durch die Luft, und alle Hoffnung ist verloren. Der Wunsch nach Freiheit bestraft mit einer gezielten Kugel in den Körper des Mannes. Das Leben einfach beendet.

Ich gehe schnell, möchte diesen Grenzweg hinter mich bringen. Meine Augen sehen eine blühende und üppige Natur, aber mein drittes Auge zeigt mir andere Bilder. Diese Reise in die Vergangenheit möchte ich nicht mitmachen. Sie geht mir zu nahe – ist sie doch Teil meiner eigenen Zeit. Ich möchte sie ausblenden. Nicht wahrhaben, aber trotzdem verfolgen mich die Bilder unerbittlich …

Die Felsen unterhalb der Silberklippe

NH: Es tut gut, dass am Ende des Kolonnenwegs ein Platz auf uns wartet, der den Blick in die Weite schweifen lässt. Die letzten Meter geht es leicht bergauf und dann bricht das Plateau plötzlich ab. Ein bisschen fühle ich mich, als hätte ich Anlauf genommen und müsste nur meine Arme ausbreiten, um zu fliegen – unter und vor mir der Hainich und das Eichsfeld. Ein Picknickplatz lädt zum Verweilen ein, und erst beim zweiten Hinsehen entdecke ich einen wunderschönen Stein, den jemand dort vergessen oder als Geschenk bereitgelegt hat. Den Stein, einen seltenen Pietersit, der in allen Farben schimmert, trage ich seitdem immer in meiner Tasche mit mir.

AS: *Und wieder sind es Grenzsteine, die uns diesmal durch den lichten, freundlichen Wald leiten: die alten, zwischen Thüringen und Hessen. Was für ein Glück, in einer Zeit zu leben, in der die Grenzen Europas zum Großteil verschwunden sind. Meine Tochter kennt diese Grenzen gar nicht mehr, Grenzkontrollen innerhalb von Europa sind ihr fremd. Ist sie deshalb ein freierer Mensch, als ich es bin?*
Eine Gruppe Reiterinnen folgt uns schon ein ganzes Stück durch den Wald. An einem breiteren Stück lassen wir sie vorbeiziehen. „Haben wir euch jetzt angetrieben?", fragt die Frau, die den Abschluss der Gruppe bildet. „Nein, wir sind euch vorausgegangen!", antwortet Nikola.

NH: Der nächste Wegabschnitt erinnert mich wieder an das Bild vom Anfang, als ich mich eingeladen und willkommen geheißen fühlte. Nun riecht es auch noch, als wäre das Mahl bereits angerichtet: Der ganze Wald ist durchströmt vom Duft nach Zwiebeln und Knoblauch, der Boden ist fast gänzlich verhüllt von wohlriechenden Bärlauchpflanzen. Als wir die Silberklippe erreichen, bin ich so voll von Eindrücken, dass ich Andrea allein zwischen die Felsen hinabsteigen lasse. Ich bin beglückt und genieße unsere Freiheit – mehr brauche ich nicht.

„Weder Herkunft noch Geschlecht setzen dem Genie Grenzen."
Charlotte Brontë, britische Schriftstellerin, 1816–1855

„Ich fürchte nichts – nichts – als die Grenzen deiner Liebe."
Friedrich Schiller aus Kabale und Liebe

„In einem sind wir alle einig: Grenzen werden uns nicht trennen. Die Einheitlichkeit unseres deutschen Vaterlandes ist für uns alle ein Stück unseres Glaubens, unserer Liebe und Hoffnung."
Friedrich Ebert, Reichspräsident der Weimarer Republik, in einer Rede vom 18.01.1921 zum 50. Jahrestag der Reichsgründung

AS: *Es ist nicht leicht eigene Wege zu gehen, Grenzerfahrungen zu machen. Über die Grenze gehen heißt immer auch etwas zurücklassen: Die eigenen Begrenzungen überwinden, das heißt Leben, und Leben ist Veränderung.*

TEXT: ZITATE ZUM THEMA GRENZEN

„Sobald wir unsere Grenzen akzeptieren, gehen wir über sie hinaus."
Albert Einstein, theoretischer Physiker 1879–1955

„Grenzen … Ich habe sie nie gesehen. Aber ich habe gehört, dass sie in den Köpfen anderer Menschen existieren."
Thor Heyerdahl, norwegischer Anthropologe und Abenteurer, 1914–2002

ANREGUNG: GRENZEN SPÜREN

Bevor du den ehemaligen Grenzstreifen überquerst, halte vorher kurz inne und vergewissere dich, wie du dich fühlst. Genauso, wenn du den Kolonnenweg erreichst. Halte inne und fühle. Dann nimm denselben Weg über den Grenzstreifen noch einmal zurück zu der anderen Seite der Wiese und verfahre genauso. Danach setze deine Wanderung fort bis zu dem Picknickplatz, der am Ende des Kolonnenweges auf dich wartet. Dort

Ist das ein Käfer?   Wolfstisch und Baum sind eins

kannst du deine Gefühle an einem lichten und freien Ort reflektieren.

RITUAL: IN DANKBARKEIT LOSLASSEN

Andrea hat am Wolfstisch ein Dankbarkeits- und Vergebungsritual gemacht. Sie hat alle Personen, die ihr einmal wichtig waren, sie geleitet und inspiriert haben, auf einen Zettel geschrieben. Diese Menschen sind nicht mehr in ihrem Leben, oft war der Abschied mit Schmerz und Wut verbunden. Dankbarkeit kann Wut, Trauer und Schmerz auflösen. Verzeihen und Vergeben hilft vor allem einem selbst, über Wunden und Verletzungen hinweg zu kommen. Über die Grenze gehen heißt auch, loszulassen und dankbar hinter sich zu lassen.

Den Zettel hat Andrea vergraben und darauf einen besonderen Stein gelegt. So ist die Dankbarkeit den Menschen gegenüber in der Mutter Erde gut aufgehoben.

Du kannst dir auch dein ganz eigenes Ritual machen. Es gibt auf diesem Weg viele unterschiedliche Ort mit vielen Bedeutungen. Achte aber darauf, dass das Ritual etwas mit der Thematik des Ortes zu tun hat.

Wir folgen dem Schild zum Grenzweg

Hier ist eine Ruhepause mit Ausblick garantiert

3

DER WEG DER WALDMÄNNCHEN —

von Lengenfeld unterm Stein auf die Spindelsburg

Die Menschen im Eichsfeld sind freundlich, die Wälder licht und hell und die Dörfer einladend. Und auch in Lengenfeld unterm Stein machen uns die Berge und Täler Lust darauf, auf Wanderschaft und Entdeckungsreise zu gehen: Doch hätten wir besser auf den Rat der Einheimischen gehört, die schon immer einen Waldmännchen-Tag feiern, um die Naturwesen milde zu stimmen. Vielleicht wäre Nikolas Brille dann nicht spurlos verschwunden …

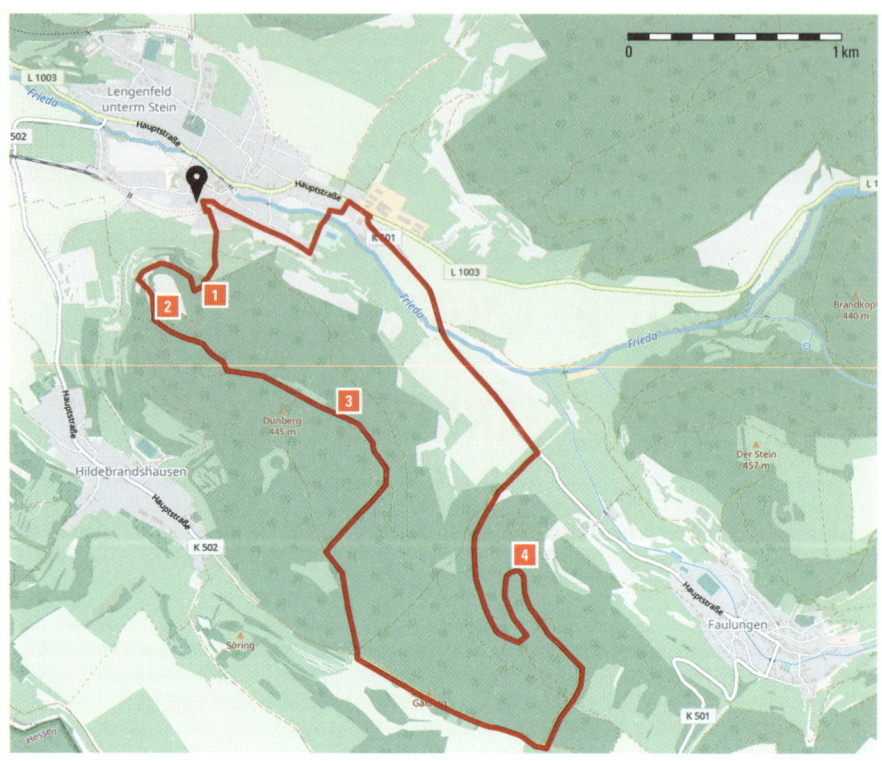

Start/Ziel: Kirchberg, 99976 Lengenfeld unterm Stein
Länge: 10 Kilometer
Gehzeit: 3:15 Stunden
Aufstieg/Abstieg: 224 Meter

1 Mariengrotte
2 Heiligenberg
3 Menschenhöhle
4 Spindelsburg

WEGBESCHREIBUNG

In Lengenfeld unterm Stein beginnt diese Wanderung auf dem Kirchberg an der katholischen Mariä-Geburt-Kirche. Zunächst überqueren wir die stillgelegte Eisenbahnlinie. Das Viadukt ist das Wahrzeichen Lengenfelds und überspannt nicht nur den Fluss Frieda, sondern gleich den ganzen Ort auf fast 240 Metern Länge und 24 Metern Höhe. Wir gehen am alten Bahnwärterhäuschen rechts und auf der anderen Seite der Gleise geradeaus auf den Kreuzweg. An der Station mit der Nummer 9 führt unsere Route rechts über die Wiese vom Feldweg fort. Wir erreichen eine Mariengrotte, hohe Linden wirken, als würden sie die zugehörige Kathedrale bilden.

Auf der anderen Seite dieses Platzes stoßen wir auf einen Querweg, in denen wir nach rechts einbiegen.

Blick zurück auf Lengenfeld (links); Im Ort Lengenfeld (oben); Immer dem Pfeil nach (unten)

Nur wenig später – nachdem wir an einer kleinen Quelle vorbeigekommen sind und noch vor der Linkskurve – zweigen wir nach rechts ab und wandern zunächst im Wald und dann aussichtsreich über einen Wiesenweg. Direkt hinter der Bank an einem Steintisch wenden wir uns nach links bergauf. Nun geht es über eine im Sommer hochgewachsene Wiese, dann durch eine kleine Hecke und dahinter auf eine Aussichtsbank zu. Vor dieser wenden wir uns nach rechts.

An einem schön gelegenen Platz auf dem Heiligenberg, auf dem mehrere Bänke stehen, gabelt sich der Wiesenpfad. Unserer führt rechts leicht hinauf auf den Hügel zu. Im Wald treffen wir gleich auf einen breiten Querweg, der uns nach links weiterbringt. Wo dieser nach links talwärts

führt, nehmen wir den schmalen Pfad, der geradeaus steil auf die Kuppe zuführt.

Oben erreichen wir die kleine Ebene auf der Höhe des Berges. Rechts befindet sich eine eingezäunte Lichtung, und zu deren Ecke biegen wir nach rechts ab, um davor links weiterzugehen. An der dreiarmigen Kreuzung gehen wir geradeaus, den ausgebauten Schotterweg verlassend. Links von uns ist eine Wiese, und dort, wo diese endet, gehen wir noch etwa 50 Meter weiter geradeaus, und dann biegen wir im rechten Winkel nach links ab. An der Gabelung halten wir uns auf dem oberen, dem rechten Weg.

Nach dem Besuch der Menschenhöhle müssen wir bis zum Querweg zurück und dann links gehen. Wir gelangen an einen breiten Schotter-

Am Beginn des Kreuzweges oberhalb von Lengenfeld

weg, der uns nach rechts bis zu einer T-Kreuzung führt, an der wir uns nach links wenden.

Am Waldrand stoßen wir auf eine kleine Straße. Nach links abgebogen führt sie uns mit schönen Aussichten über den Gaiberg, bis nach links ein breiter Schotterweg abzweigt. Ab hier weisen Schilder zur Spindelsburg. Auf dem breiten geschotterten Weg gehen wir zunächst geradeaus über eine Kreuzung, halten uns an der Gabelung links und dann, wo der Forstweg eine Biegung nach rechts beschreibt, geradeaus weiter Richtung Spindelsburg. Bald weist uns ein Schild zu einem Aussichtspunkt, an dem wir über dem steil abfallenden Felsen stehen. Anschließend folgen wir dem Weg weiter, der um das Plateau herumführt, bis nach rechts ein Weg steil nach unten

führt. In den Querweg zweigen wir nach rechts ab und an der nächsten Kreuzung folgen wir dem Bachtal und halten uns links.

Schließlich überqueren wir den Bach, gehen zur Straße und dort nach links. Sie bringt uns bis zur Hauptstraße und dort links abgebogen erreichen wir die Straße „Am Schwimmbad". Eine Brücke führt uns über die Frieda, und am Kruzifix wenden wir uns nach rechts und bleiben an der Gabelung links auf der Keudelsgasse. Geradeaus gehen wir zurück zum Ausgangspunkt.

WEGERLEBNISSE

AS: *Die Kirche Mariä Geburt befindet sich direkt neben dem Parkplatz: Wir zünden eine Kerze an und singen ge-*

Die üppigen Wiesen und Felder

meinsam ein Lied, sind froh, dass niemand kommt und uns zuhört. Erkunden den ruhigen und beschaulich Ort, bevor wir uns auf den Weg machen.
Der Ausblick zurück auf Treffurt ist beeindruckend, die riesige, stillgelegte Viadukt Eisenbahnbrücke zieht sich wie eine verbindende Schlange übers Tal. Ein Kreuzweg entlang einer duftenden Blumenwiese führt uns zu einem weiteren Marienaltar, diesmal im Wald.
Und müsste ich ein Anschauungsbeispiel nennen für die Theorie, dass sich die Gotik an dem himmelstrebenden Wuchs der Bäume orientiert hat, dann wäre es dieser Platz oberhalb von Lengenfeld: Eine Naturkathedrale! Staunend und inspiriert verweilen wir, die Gottesmutter rückt in den Hintergrund: Die Natur übernimmt die Regie und fordert unsere ganze Aufmerksamkeit. Wir bestimmen die Bäume und versuchen die Illusion der Baumkathedrale fotografisch festzuhalten.

NH: Nur gut 30 Jahre, nachdem im südwestfranzösischen Lourdes die Muttergottes dem Mädchen Bernadette Soubirous erschienen sein soll und die Kirche die ersten Heilungswunder anerkannt hatte, errichteten Lengenfelder Einwohnerinnen und Einwohner Ende des 19. Jahrhun-

derts die im Wald versteckte Mariengrotte. In dieser Zeit wurden in ganz Europa Lourdes-Grotten errichtet, und wer nicht selbst die weite, beschwerliche und teure Reise auf sich nehmen konnte, wallfahrtete zu einer Lourdes-Madonna in der Nähe. Bernadette war in den Wald gegangen, um Holz zu sammeln, und die Marienerscheinung machte sie auf eine wundertätige Quelle aufmerksam. Und auch hier oberhalb von Lengenfeld ist das Wasser nicht fern: 1928 sammelte es sich unterirdisch und unterspülte das Fundament. Erst 50 Jahre später errichteten die Menschen wieder den Altar, der seitdem und immer noch Ziel derer ist, die die Gottesmutter um Segen und Beistand, um Gesundheit und Heilung anrufen.

Baumkronen bilden ein Dach   Wie eine Kathedrale aus Bäumen

AS: *Der Lindenbaum mit seinen herz-förmigen Blättern bildet manchmal sogar ein Blätterdach in Form eines Herzens. Hier in diesem Wald jedoch wachsen sie kerzengerade in die Höhe, wie Säulen, die mit ihren Blättern das Dach der Kathedrale bilden wollen. Die Linde wird der Mutter Gottes zugeordnet: Oftmals erscheint ihr Bild der Legende nach in Lindenbäumen oder ihre Statuen werden aus diesem Holz geschnitzt.*

NH: Man mag sich heute wundern über die liebliche Figur im Wald und die Blumen am Altar, die davon erzählen, dass hier immer noch Menschen mit ihren Anliegen herkommen. Dass Glaube Berge versetzen kann, davon sprechen aber gar nicht nur die Frommen und Gläubigen, sondern auch die Ärztinnen und Psy-

chologen. Und dieser Ort, an dem sich das Christliche so einfügt in die Natur, ist ein heilsamer Platz.

AS: *Etwas oberhalb der „Waldkirche" sprudelt eine kleine Quelle neben dem Weg hervor. Sie wünscht sich Aufmerksamkeit und ich bleibe eine Weile, um ihre Energie zu spüren. Nikola ist schon voraus und langsam folge ich ihr durch den lichtvollen Wald, trete hinaus auf die üppigen Wiesen: Schmetterlinge, Bienen und Hummeln umschwirren uns und die vielen Feldblumen. Ich bleibe stehen und bade mich in dem Gefühl der Fülle: Wer gerne mit Heilkräutern arbeitet wird hier keine Schwierigkeit haben für jedes Wehwehchen ein Kraut zu finden. Die Aussicht ist beeindruckend und öffnet das Herz: Die sanften Hügel, das üppige Grün und der blaue Himmel. Ich könnte*

Die Mariengrotte   Ein Vergissmeinnicht

mich verlieren auf diesem Heil- und Blumenweg.
Ein steiler Pfad führt uns durch den Wald nach oben, in Richtung einer Kuppe. Ich habe das Gefühl direkt auf ein altes Heiligtum zuzugehen. Hier könnte ein Opferplatz oder Kultplatz gewesen sein. Naturwesen empfangen mich: vielleicht die Waldmännchen? Auf einer Lichtung steht eine Buche ganz allein als Wächterin des Orts. Alles ist verwachsen und verwildert, kein Durchkommen und so bleibe ich nur still stehen und verbinde mich mit der Kraft dieses Platzes.

NH: Es ist ein bisschen wie in einer anderen Welt: Während der Wald eben noch lichtdurchflutet war und erfüllt von Vogelgezwitscher, ist es an der Menschenhöhle kühl und still. Die Sonne reicht nicht hierher, selbst im Sommer nur sehr selten. Über dem Eingang ist eine Art Kanzel und der Weg hinunter ist rutschig und steil, er erinnert an einen Trichter. Ich bewege mich ein bisschen abwärts und spüre gleich einen Sog. Was meine Aufmerksamkeit aber noch mehr fesselt, sind die Heerscharen an Mücken, die alles daransetzen, dass ich mich wieder zurückziehe. Einen Blick erhasche ich aber doch noch und erkenne in einem Stein ein Gesicht. Ich denke an einen verwunschenen König, irgendwie scheinen mir die steinernen Augen traurig auszusehen. Dafür sehe ich um das Gesicht herum lauter Schelmen und Fabelwesen. Es ist märchenhaft, und ich versuche, mir eine Geschichte auszudenken: das Märchen von der Menschenhöhle auf dem Dünberg. Es war einmal …

Die Wurzeln der Linde graben sich in die Höhle   Der schmale Einlass in die Menschenhöhle

AS: *Der Eingang der Höhle liegt unterhalb des Bodenniveaus und über ihr thront wieder eine „heilige" Linde: Liebe, Herz, Versammlung, Kommunikation, Gemeinschaft, Gerechtigkeit, Schutz all dies wird mit diesem Baum in Verbindung gebracht. Und diese streckt ihre Wurzeln in Richtung der Höhle aus.*

Ich steige hinunter, der Spalt ist eng und führt sofort in die Tiefe. Das Anziehende ist die Kombination aus Erde, Wurzeln und Fels. Es ist wie ein Energiewirbel und ein Sog, der nach unten in die Erde führt. Die Göttin Gaia, die Mutter Erde ruft ihre Kinder zur Menschenhöhle:

„Kommt und macht euch die Erde untertan. Doch herrscht mit Weitblick und Ruhe. Seid euch eurer Macht bewusst. Nicht alles ist so wie es scheint zu sein. SEHT DIE GROSSEN ZUSAMMENHÄNGE! Die Erde will euch nähren und unterstützen, aber es muss ein Geben und Nehmen sein. Was ihr nehmt, gebt auch zurück! Austausch ist das Gebot der Stunde. Auch für eure Geschäfte: Tauschen ist fair und gerecht. Tauscht und lebt im Einklang mit der Natur, den Tieren und euren Mitmenschen."

NH: Auf einmal ist meine Brille weg, die ich mir in die Haare geschoben hatte, weil ich sie nur zum Lesen brauche. Ich kann es mir nicht erklären, ich habe nichts gemerkt und Andrea auch nicht. Noch ein paar Mal gehe ich hin und her, aber die Brille bleibt verschwunden. Das waren wahrscheinlich die Waldgeister, sagt Andrea. Und ich kann es mir auch nicht anders erklären und frage mich, ob sie sich einen Scherz mit

Es wird immer mystischer am Weg zur Spindelsburg (links); Wer lacht denn da aus dem Stein? (oben);
Wohnt hier ein Waldmännchen? (unten)

mir erlauben oder ob ich sie irgendwie erzürnt haben könnte.

Die Menschen dieser Gegend haben nicht umsonst noch vor gar nicht langer Zeit den Waldmännchentag als den Tag geachtet, an dem sie nicht in den Wald gegangen sind, um die Schrate, Gnomen, Wichtel und Zwerge nicht zu stören. Sie taten das nicht nur freiwillig, wussten sie doch auch, dass übel bestraft werden konnte, wer dieses Gebot am 2. Januar, also während der zwölf heiligen Nächte, missachtete. So wie die Menschen in Island bis heute die Naturwesen um Erlaubnis fragen, wenn sie beispielsweise Straßen bauen, so haben also auch die Menschen in dieser Region deren Recht geachtet und mit ihnen die Natur. Wenn sie mir nicht ausgerechnet meine Brille abgeluchst hätten, dann hätte ich

hier vielleicht zum ersten Mal einen Waldgeist zu Gesicht bekommen.

AS: *Wir folgen den vielen Greifvögeln, die über uns Ausschau nach Beute halten, zur Spindelburg. Kaum biegen wir vom Forstweg auf den Hügel, ändert sich die Energie: Schätze, die gehütet werden, Menschen, die Rituale feiern. Nachweislich war hier eine vorchristliche Wallburg. Sie wurden gebaut, um Menschen und ihr Hab und Gut vor Angriffen zu schützen. Oftmals waren Siedlungen und Ritualplätze in der Nähe dieser Befestigungen.*

Andächtig gehe ich eine Runde durch den Wald und vor meinem geistigen Auge sehe ich eine Zeremonie: Die Krieger werden von der Druidin geweiht und mit einem Schutzzauber umgeben. Die Tätowierungen der Männer leuchten auf ihrer Haut, die

An der Spindelsburg erwartet uns dichter Wald

die Kleidung nur spärlich verdeckt. Die Schamanin ruft ihre Beschwörungen zwischen die Bäume, in den Himmel: „Mögen euch die Götter beschützen, die Wälder verbergen und der Mut nie verlassen!" Die Männer steigen auf ihre Pferde und die Seherin des Dorfes kommt mit ihnen. Sie wird die Krieger durch jeden Kampf begleiten.

Ich öffne die Augen und schaue mich um: Der Wald erscheint mir düster, magisch und hell und heimelig zugleich. „Könnte ich nur einen einzigen Tag in die Vergangenheit reisen und mit den Germanen an diesem Ort sein!", sage ich zu Nikola. Sie lächelt mir zu, weil sie weiß, wie sehr ich mir wünsche, mehr über ihre Traditionen

und Rituale zu erfahren. „Frag lieber die Waldmännchen, wo sie meine Brille hingetragen haben", sagt sie und wir gehen lachend weiter, weg von diesem für mich heimatlichen und verbindenden Ort.

Hinunter entlang des Heinrichstals wandern wir neben dem kleinen Bach: Es ist ruhig und eine tiefe Stille legt sich über mich. Die Fülle dieses Weges und die unterschiedlichen Begegnungen wecken in mir eine große Dankbarkeit. Und so stört es nicht, dass uns der Weg zurück in den Ort über die Straße und nicht durch den Wald führt. Vielleicht stellen wir auch so den listigen Waldmännchen aus …

Die Linde

Gesät von einem Winde,
Der ihren Samen einst verlor,
Strebt eine junge Linde
Aus dunklem Grund hervor.

Der Erde Muttergüte
Betreute sie so lieb und bang,
Bis dass die erste Blüte
Aus ihrem Leibe sprang.

Wie sie nun breit ausladet
Ihr goldig blühendes Geäst,
Steht sie von Gott begnadet
Im Leben stark und fest.

O Erde, liebe Erde,
Mach mich der jungen Linde gleich,
Du liebe Seele, werde
Wie sie so blütenreich!

RITUAL: PHANTASIEVOLL SEIN

Nikola hat an der Menschenhöhle den traurigen König gesehen. Andrea an der Spindelsburg die germanischen Krieger, die von der Druidin den Schutzzauber bekommen. Die Waldmännchen haben die Brille gestohlen. Die Gottesmutter Maria steht in einer Kirche aus Bäumen … Alles Geschichten, die erzählt werden möchten: Nimm einen Stift und Papier und schreib auf, wie es weitergeht. Oder erzählt euch gegenseitig Geschichten. Wichtig ist, der Phantasie freien Lauf zu lassen!

ANREGUNG: TAUSCHEN

Tauschen ist das Gebot der Stunde, haben wir an der Menschenhöhle gehört. Überlege dir ganz konkret, wo du das nächste Mal ein Tauschgeschäft machen kannst, anstatt mit Geld zu bezahlen. Überlege dir, was es für einen Unterschied machen würde und wie du die Arbeitsleistungen einander gegenüberstellen würdest? Kann die Stunde einer Verkäuferin mit der Stunde einer Ärztin mithalten? Kann man einen Fernseher gegen ein Fahrrad tauschen?

Treffurter Rathausplatz

4

DER WEG DER FREIHEIT –

*von Treffurt über Burg Normannstein
und Adolfsburg*

Jeder Fremde war hier suspekt. Besuch von Familie und Freunden nur mit Genehmigung erlaubt. Unsere Runde führt uns über die Grenzen der Freiheit zu offenen Händen und zur Frage: Wie wichtig ist das Reisen für ein Volk und für den Menschen persönlich? Bedeutet Reisen die größte Freiheit? Oder beginnt die Freiheit im Kopf? Die Fachwerkhäuser in Treffurt sind sauber herausgeputzt, die Menschen freundlich, das Rathaus eine Augenweide, der Stadtplatz einladend und die Burg renoviert: Heute sind Gäste hier willkommen!

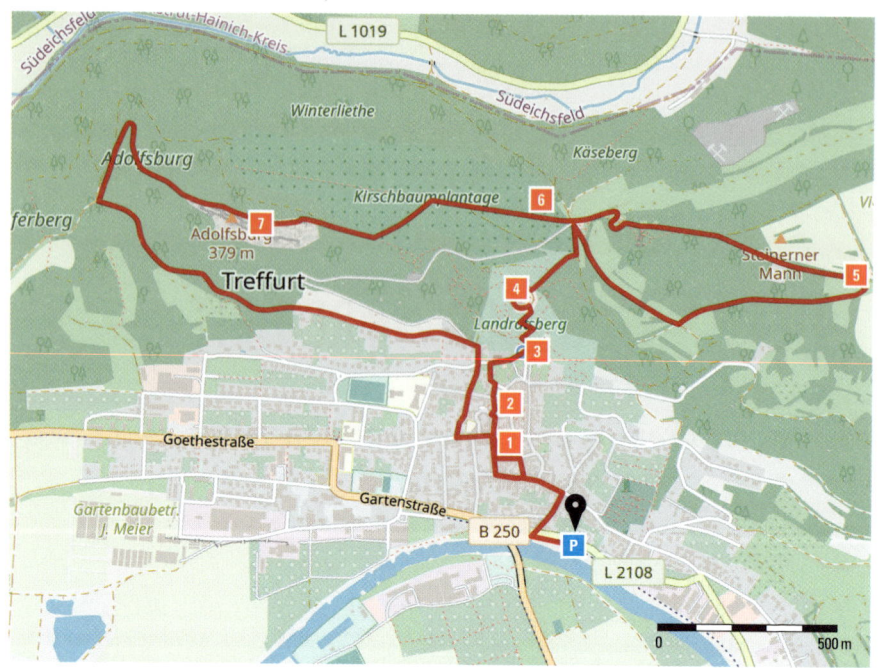

Start/Ziel: Unterm Weiher, 99830 Treffurt
Länge: 8 Kilometer
Gehzeit: 2:30 Stunden
Aufstieg/Abstieg: 240 Meter

1 Rathaus
2 Bonifatius-Kirche
3 Normann-Quelle und
   keltisches Kreuz

4 Burg Normannstein
5 Freiheitsstatue
6 Kirschplantage
7 Adolfsburg

WEGBESCHREIBUNG

Vom Parkplatz gehen wir nach rechts auf dem Werradamm, bis ein Schild nach rechts auf den Naturparkwanderweg nach Heiligenstadt verweist, markiert mit einem roten Viereck auf weißem Grund. „Werrarain" heißt die Straße, der wir bis zur Kreuzung bergauf folgen. Links abgebogen führt uns die Markierung auf der Hessischen Straße, bis sie nach rechts in die Kirchstraße abbiegt, nur um gleich links das außergewöhnliche

Renaissance-Rathaus zu erreichen. Dem roten Viereck folgen wir weiter – zunächst über eine Treppe an der Bonifatiuskirche vorbei. Vor der Marienkirche wenden wir uns nach rechts und lassen uns von dem Wasserlauf bis zur Normannstein-Quelle führen. Dahinter nehmen wir die Treppe, die uns an einem keltischen Kreuz vorbei bergauf führt.
Oberhalb des Spielplatzes steigen wir nach links einige Stufen hinauf und wenden uns dahinter an der Gabelung nach links und an der darauf-

Durch die romantischen Gassen von Treffurt (links); Blick auf die Burg Normannstein (oben);
Spinnrad oder Schneiderstein? (unten)

folgenden nach rechts. In den Quer-weg zweigen wir nach rechts ab, um an der nächsten Kreuzung nach links einzubiegen. Über eine Treppe gelan-gen wir an den Fuß der Burgmauer und halten uns links.

Nach dem Besuch der Burg gehen wir weiter um sie herum und folgen nun der kleinen Straße bergauf bis zu einer Kreuzung. An dieser Stelle starten wir mit einer kleinen Runde. Wer hier abkürzen möchte, kann sich sofort links in die Kirschplantage be-geben. Wir jedoch nehmen zunächst den Feldweg, der im spitzen Winkel nach rechts über den geschotterten Platz führt.

Leicht bergab wandern wir, bis unse-re Route bei erster Gelegenheit nach links bergauf abbiegt. So erreichen wir an der „Freiheitsstatue" einen Rastplatz. Dort biegen wir scharf

links in den Wanderpfad ein. Im-mer geradeaus gelangen wir an einen Aussichtspunkt rechts, von dem man Richtung Wendehausen sieht. Dort gegenüber zweigt ein schmaler Pfad zu einem weiteren ausgeschilderten Aussichtspunkt über dem Werratal nach links ab.

Wieder zurück auf dem Hauptweg wandern wir, bis sich an der großen Kreuzung der erste Kreis schließt. Weiter geht es durch das Tor zur Kirschplantage der Stadt Treffurt.

An einer Bank mit einer großen höl-zernen Kirsche folgen wir dem Schild Richtung Adolfsburg nach links. Kurz vor dem achteckigen Pavillon ist links unterhalb des Weges ein geo-logischer Aufschluss zu bewundern. Weiter geht es auf dem Kammweg direkt oberhalb der Felskante.

Schließlich führt uns der Weg durch

Blick auf den Kirchturm (links); Die Rune Raidho im Wappen (Mitte); Die Fachwerkhäuser beeindrucken uns (rechts)

schönen Buchenwald steil bergab, bald auf einem schmalen Pfad oberhalb eines breiten Waldweges. Auf diesem gehen wir die letzten Meter bis zu einem Querweg, in den wir links abbiegen, Richtung Treffurt.

Am Ortsrand erreichen wir zuerst einen Informationspunkt und Rastplatz. Wir gehen auf dem Burgstieg an der Stadtmauer entlang hinunter. In die Puschkinstraße biegen wir nach links ab und erreichen so wieder das Rathaus und gehen auf gleichem Weg zurück zum Ausgangspunkt.

WEGERLEBNISSE

NH: Wir sind kaum in die von Fachwerkhäusern gesäumten Straßen von Treffurt eingebogen, da erschallt auch schon das erste freundliche „Guten Morgen". Es ist eine ältere Frau, die uns grüßt, und es fühlt sich so an, als hätte uns der Ort willkommen geheißen.

An jedem einzelnen Fachwerkhaus könnte man stehenbleiben, die meisten erzählen Geschichten, sind denkmalgeschützt, viele schön renoviert. Aber mich zieht es hinauf zur Kirche, die auf halber Höhe zwischen dem Renaissance-Rathaus und dem Schloss Normannstein über den Ort wacht. Aus dem offenen Fenster des Pfarrhauses erklingen Flötentöne, und ich fühle mich in meine Jugendzeit versetzt, als ich jeden Tag auf meiner Querflöte übte. Die Musik aus dem offenen Fenster klingt nach Sommer und Geborgenheit.

Die romanische Kirche beeindruckt mich auch von innen. Die Kombination aus dem alten Gebäude und

Am achteckigen Schutzhaus

modernen Akzenten ist sehr gelungen. Besonders angesprochen bin ich von modernen Kunstwerken, die in der Kirche wie die Stationen eines Kreuzwegs angeordnet sind. „Grenzzeichen" hat der Künstler Helmut Griese sie genannt.

AS: *Ich schaue mich in der Kirche um, und ein Wappen fällt mir auf: Das Familiensymbol zeigt zweimal die Rune Raidho. Ihre spirituelle Bedeutung bei den Kelten: Rad, Reiten und Reisen. „Wenn einer eine Reise tut, dann kann er was erzählen", sagt man. Und so ist es auch: Jede Reise verändert den Blickwinkel, macht reicher an Erfahrungen, Begegnungen. Viele Vorurteile gegenüber anderen Kulturen können so abgelegt werden, allein dadurch, dass man fremde Menschen und ihre Lebenssituationen am eigenen Leib, vor Ort, erfahren kann.*

NH: Als ich aus der Kirche trete, geht mein Blick sofort hinauf Richtung Adolfsburg. In der Zeit, als Treffurt direkt an der innerdeutschen Grenze lag, war dieser Berg und der achteckige Pavillon oben über den Felsen unerreichbar im Niemandsland gelegen. Wie es wohl ist, mit dieser Begrenzung zu leben? Mir fallen Menschen ein, die wie Nelson Mandela zwar in Gefangenschaft waren, sich aber geweigert haben, die äußere Grenze in ihr Inneres zu lassen.

AS: *Nicht weit von der Kirche entfernt, dort wo die Stadt entstanden sein soll, ist die Quelle Normannstein. Quellen waren den Menschen heilig. Nicht nur weil sie ohne Wasser nicht überleben konnten, sondern auch weil ihr Glaube stark mit der Natur und allem verknüpft war, was diese ihnen bot: Bäume, Wälder, Steine, Quellen, Felsen, Berge, Tiere, Pflanzen, Moore … Sie waren der Natur unmittelbar ausgesetzt und deshalb spirituell tief mit ihr verbunden.*
Oberhalb des Borns begegnet mir wieder das Rad, diesmal in Form eines gehauenen Steins: Spinnrad oder Schneiderstein wird er genannt. Einst war er der Grenzstein, der die Stadt Treffurt im Westen markierte, und er zeigt das Mainzer Rad mit vier Speichen, das Zeichen der Herren von Kurmainz. Bei den Kelten war das Rad das Sym-

Die Burg Normannstein

bol für den Jahreskreislauf und seine Feste, die meist ausgelassen und lustvoll zelebriert wurden.

NH: Kinderlachen begleitet uns auf unserem Weg vorbei am Abenteuerspielplatz unter der Burg Normannstein. Die drei Türme rufen den Namen des Ortes in Erinnerung: Drei wichtige Furten über die Werra wollten die Ritter von Treffurt bewachen, die schon im 11. Jahrhundert die erste Burg errichteten. Bevor ihren Nachkommen rund 300 Jahre später das, was sie hatten, nicht mehr reichte und sie zu Raubzügen in die benachbarten Gebiete aufbrachen. Das bedeutete den Anfang von ihrem Ende, denn die Nachbarn, der Erzbischof von Mainz und die Landgrafen von Thüringen und Hessen, eroberten ihren Besitz und verwalteten ihn fortan gemeinschaftlich. Drei Furten, eine dreigeteilte Herrschaft und die drei Türme auf der Burg Normannstein, zwischen denen wir uns auf dem kleinen Burggelände frei bewegen können: Die Drei, die heilige Zahl, hat eine bis heute sichtbare Bedeutung für das Städtchen Treffurt.

AS: *Eine hölzerne Hand reckt sich in die Höhe, das Kunstwerk des Künstlers Klaus Reinz erinnert uns daran, dass sich die Menschen die Hände reichen und in den Arm nehmen. Sich begrüßen und verabschieden. „Deine Hand für Liebe, Toleranz, Respekt, Frieden", gibt uns der Künstler mit auf den Weg. Wie Eremiten stehen sie entlang unseres Weges im Wald und auf den Wiesen: Wacholderbäume. Immer wieder muss ich mich zurückhalten, um nicht hinzugehen und mit ihnen zu reden, so menschlich erscheinen sie mir: Der „Weise Alte" unter den Bäumen war schon den Germanen und Kelten heilig. Die Druidinnen verwendeten ihn für Opferfeuer und entzündeten mit seinem Holz die Scheiterhaufen, auf denen ihre Verstorbenen verbrannt wurden. Das aromatische Holz wurde noch im Mittelalter zum Räuchern der Sterbezimmer verwendet. In alten Überlieferungen wird erzählt, dass man mit seinem Rauch böse Geister und Dämonen vertreiben kann. Und wer sich dem Baum nähert, wird merken, dass er nicht nur Geister, sondern auch Menschen wunderbar vertreiben kann mit seinen spitzen Nadeln, die in der Haut stecken bleiben. Also eine wehrhafte Pflanze, die sich deshalb für jede Art von Schutz(-Zauber) wunderbar eignet.*

NH: Als wir uns anschließend über den langgezogenen Bornberg dem Platz auf der Höhe nähern, auf dem die Freiheitsstatue steht, bin ich zunächst davon überzeugt, dass dort jemand auf uns wartet. Es ist aber die hölzerne Figur einer Frau, die Hände erhoben, ein Sternenkranz ziert ihr Gesicht. Die Skulptur schmückt einen besonderen Ort: Der Blick könnte grenzenlos weit reichen und verfängt sich doch an der Fülle der Gräser und Blüten gleich nebenan. Wir möchten gerne verweilen, pa-

Auf dem Bornberg steht die Freiheitsstatue

Die Hand als Zeichen der Freiheit

cken unseren Proviant aus und genießen die Ruhe in der Natur.

AS: *Wieder reckt sich ein Symbol in den
Himmel: Die kindlich naiv geformten
Hände der Freiheitsstatue des Künstlers Jürgen Raiber. Außer dem Strah-
lenkranz hat sie mit der New Yorker
Schwester nicht viel gemeinsam. Sie ist
kleiner, bescheidener und rundlicher:
Nur ihre Hände sind überdimensional
groß. Und es erscheint mir, als ob es
wieder die Hand ist, die den Menschen
in die Freiheit führt.*

NH: An dem Kirschgarten waren wir
vorhin schon vorbeigekommen,
aber jetzt gehen wir hindurch und
sind beeindruckt von dieser Fülle,
die natürlich besonders gut erlebbar
ist, wenn die 1.700 Bäume in Blüte stehen oder die Früchte reif sind.

Unvorstellbar, dass auch dieses fried-
liche Stück Natur vor der Wende nur
mit Passierschein erreichbar war.

AS: *Weidende und schlafende Kühe
verteilen sich zwischen den Kirschbäumen. Diese Kombination ist irritierend
und inspirierend zugleich. Dazwischen
ein Kunstwerk, geschaffen von der Natur: Der abgestorbene Stamm eines
Kirschbaumes wirkt wie eine Wächterin mit Umhang und Kapuze. Sie
blickt mich an, und ich blicke zurück.
Die Kirschbäume mit ihren tiefroten
Früchten stehen für Fruchtbarkeit,
Erotik und Genuss, und so kommen
mir die germanische Fruchtbarkeitsgöt-
tin Freya und die römische Liebesgöttin
Venus in den Sinn: Beide stehen sie für
Schönheit, Liebe und Eigenständigkeit.
So ist es eine lebensfrohe Geste, dass die
Stadt Treffurt allen frisch vermählten*

Beginn der Kirschplantage

Der geologische Aufschluss an der Adolfsburg

Paaren einen Kirschbaum spendiert und so die Plantage für die Nachwelt erhält. In den Anfängen dieses Kirschgartens am Ende des 18. Jahrhunderts mussten noch die Bewohner selbst die Bäume für die Allgemeinheit anschaffen und pflanzen.

NH: Als ich die liebliche Wiese verlasse, ist es fast, als träte ich in eine andere Welt: Umgab mich eben noch das Schlaraffenland, in dem mir die Kirschen in den Mund wachsen können, führt der Pfad nun an der kargen Abbruchkante des felsigen Berges entlang. Unterhalb befinden sich geologische Aufschlüsse in den Klippen, im Tal fließt die Werra. Die Natur trotzt der Kargheit und der Hitze, hier ist die Landschaft faszinierend und spektakulär, doch nach dem Gefühl der Geborgenheit

und des Behütetseins, das mich im Kirschgarten erfüllt hatte, bin ich nun froh, als wir uns in dem achteckigen Pavillon über der Kante der Adolfsburg vor Wind und Sonne schützen können.

AS: *Die liegende Acht ist das Zeichen für Unendlichkeit. Alles beginnt und endet am selben Punkt. Vergangenheit und Zukunft sind eins an dem Punkt, wo sich der Kreis schließt. Egal ob aufrecht oder liegend: Die beiden Schleifen der 8, welche die Dualität, das Zweihafte im Leben markieren, werden durch die Mitte, wo sich die beiden begegnen, vereint.*
In jeder Religion ist die Acht die Zahl der Überwindung des Menschseins hin zum Göttlichen. Die Göttin Venus wird in der Mythologie als achtzackiger Abendstern dargestellt. Für

DER WEG DER FREIHEIT

mich schließt sich in dem Pavillon der Kreis im Gedanken an die Venus, die wie keine andere Göttin für Freiheit und Eigenständigkeit steht und diese in Schönheit und Liebe mit der Welt verbindet. Und dies alles oberhalb der Stadt Treffurt, deren Bewohner heute wieder ungebunden und frei leben dürfen.

NH: Was gibt Sicherheit, was schafft Geborgenheit, was bedrängt mich? In dieser Hütte, die als Erstes nach der Wende von den Bewohnerinnen und Bewohnern aufgesucht wurde, um sie wieder zu einem Teil ihres Lebens und ihres Bewegungshorizontes zu machen, sind es diese Fragen, die mir in den Sinn kommen und die mich zurück nach Treffurt begleiten: Was macht mich frei? Was schränkt mich ein?

TEXT: ZITATE ZUM THEMA REISEN

„Zu reisen ist zu leben."
Hans Christian Andersen

„Liebst du dein Kind, so schicke es auf Reisen."
Indisches Sprichwort

„Die beste Bildung findet ein gescheiter Mensch auf Reisen."
Johann Wolfgang von Goethe

„Reisen ist fatal für Vorurteile, Bigotterie und Engstirnigkeit."
Marc Twain

„Ich bin nicht mehr dieselbe, seit ich den Mond auf der anderen Seite der Welt habe scheinen sehen."
Mary Anne Radmacher

„Reisen bedeutet, Grenzen zu überschreiten, auch die eigenen."
Wanda Rezat

„Drum, o Mensch, sei weise, pack die Koffer und verreise."
Wilhelm Busch

ANREGUNG: GEDANKEN ZUM REISEN

Lies die Zitate und denke anschließend darüber nach, was dir das Reisen bedeutet und was es dir bis jetzt gebracht hat, auf Reisen zu gehen? Setze dich an einen ruhigen Ort und schreibe dir alles Positive auf, das du mit Reisen in Verbindung bringst. In einer Gruppe könnt ihr euch die positiven Aspekte des Reisens erzählen und darüber diskutieren.

RITUAL: WUNSCH-REISE

„Ich war noch nicht überall, aber es steht auf meiner Liste." *Susan Sontag*
Das Zitat von Susan Sontag hat uns inspiriert: Welche Reise steht bei dir auf der Liste? Nimm stellvertretend dafür einen Stein mit und lege ihn an der Freiheitsstatue ab. Damit hast du den ersten Schritt auf deiner Reise schon getan …

Blick zurück zum Opfermoor-Museum

5

DER WEG DER NATURGÖTTER –

vom Opfermoor in Oberdorla nach Seebach

Um wie vieles einfacher wäre die Arbeit der Archäologie, wenn es schriftliche Zeugnisse der Kelten oder Germanen gäbe. Aber fast alles, was erhalten ist, sind die Aufzeichnungen der Römer und Griechen. Doch die zeichneten vor allem ein Bild, das ihnen selbst nützte, und das entspricht oftmals nicht unbedingt der Wahrheit. Doch in einem hatte der Geschichtsschreiber Tacitus recht: Die Germanen verehrten ihre Götter niemals in geschlossenen Räumen, sondern in der Natur. Mit dieser Haltung wandern auch wir entlang des „Opferwegs" zwischen Kirschbäumen, Kopfweiden und den unendlichen Wiesen und Feldern und entwickeln einen neuen Blick auf die „Heiligtümer" der Natur.

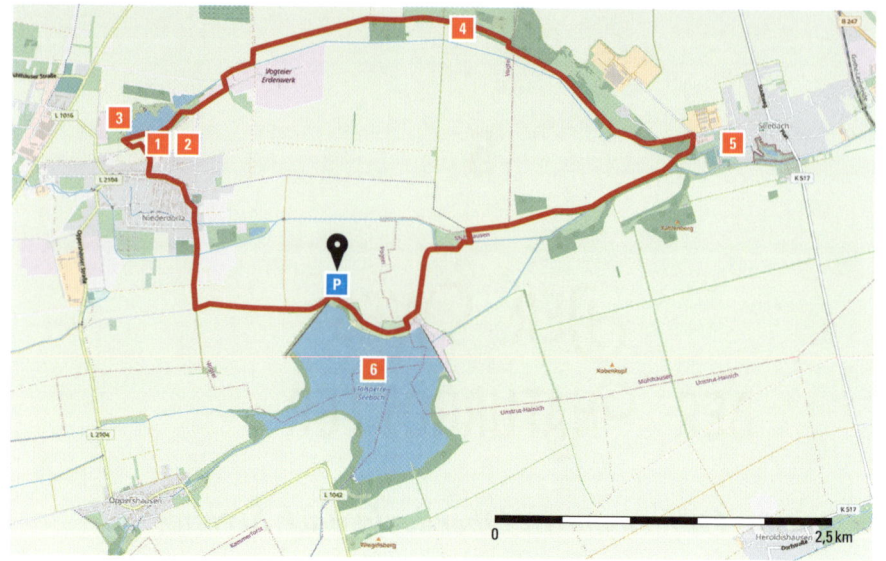

Start/Ziel: Parkplatz an der Staumauer, Am Stausee 1, 99986 Niederdorla
Länge: 12 Kilometer
Gehzeit: 3 Stunden
Aufstieg/Abstieg: 60 Meter

1 Museum Opfermoor
2 Mittelpunkt Deutschlands
3 Opfermoor
4 Kirschplantage
5 Vogelwarte
6 Stausee

WEGBESCHREIBUNG

Vom Parkplatz an der Staumauer folgen wir der Zufahrtsstraße zurück und nehmen die zweite kleine Straße nach rechts, die wie eine Allee von Bäumen gesäumt ist, und wandern auf Niederdorla zu.

Hinter dem Dorfanger wenden wir uns nach links und dann hinter der Trachtenskulptur nach rechts. Das Opfermoor und die dazugehörige Ausstellung sind von hier aus ausgeschildert. Im Museum kann man den Chip erwerben, mit dem man in das Außengelände des Moores gelangen kann.

Wer in das Freigelände des Museums möchte, geht für den Abstecher am Seeufer nach links. Unser Rundweg führt nach rechts weiter, ebenfalls direkt am See und dann auf der kleinen Straße auf ein Firmengelände zu. Wo es geradeaus nicht weitergeht, wenden wir uns nach links, bleiben auf dem Weg, der bald von der Firma wegführt, und biegen am Fuß der Steigung nach rechts ab.

Nun gehen wir immer geradeaus, überqueren an einer Kreuzung einen Weg und nehmen schließlich an der T-Kreuzung hinter der Kirschbaumplantage den rechten Weg. Zwischen einem undurchdringlichen Wald links

Durch Oberdorla (links); Eine Schwanenfamilie am Opfermoor (oben); Über die Felder nach Seebach (unten)

und einer Hecke rechts, die uns von einem Feld trennt, wandern wir weiter und erreichen hinter einer nächsten Obstwiese an einem umzäunten Gelände eine Weggabelung, an der wir uns wieder rechts halten. Dort, wo der Weg in Asphalt übergeht, gehen wir geradeaus und erreichen so die ersten Häuser von Seebach.

Wer möchte kann hier einen Abstecher zur Vogelschutzwarte Seebach machen (500 Meter). Die Hauptroute führt allerdings gleich hier am Ortseingang nach rechts. Beschildert ist diese kleine Straße als Radweg Richtung Niederdorla. Hinter einer Reihe von Kopfweiden befindet sich links ein Rastplatz am Seebach. An dessen rechter Seite wandern wir weiter. Am nächsten Radwegschild verlassen wir die Straße nach links, überqueren den Bach, folgen wie-

der ein Stück seinem von Weiden gesäumten Lauf und lassen uns von dem Weg bis zum Stausee leiten. Vor dem eingezäunten Gelände wenden wir uns nach rechts auf die zum Campingplatz gehörenden Häuser zu und erreichen so wieder unseren Ausgangspunkt.

WEGERLEBNISSE

NH: Es ist bereits Nachmittag. Die Sonne steht schon tief, als wir loswandern, sie taucht die Landschaft in leuchtende Farben. Leuchtendes Grün, um genau zu sein. Ich erzähle Andrea davon, dass meine beiden Brüder farbenblind sind. Und während ich von ihnen spreche und darüber nachdenke, was sie wohl nicht wahrnehmen können, sehe ich all die

Am Weg zum Opfermoor (oben);
Der Mittelpunkt Deutschlands in Niederdorla (unten)

Ruten, die die Kultorte umfriedeten, Holzidole, die die Götter symbolisieren sollten, Altäre und Flechtwerk aus Holz. Es mutet zunächst fast unglaubwürdig an, dass die Menschen bis in die Mitte des ersten Jahrtausends unserer Zeitrechnung ihre Kultplätze nur in vergänglichen Materialien gebaut haben sollen. Aber warum sollte feste Tempel bauen, wer seine Götter in den Hainen und auf den Lichtungen verehrt?

AS: *Opferhandlungen gibt es in jeder Kultur, sie dienen dazu, die Götter milde zu stimmen. Die Römer schreiben von den Kelten und Germanen, dass sie auch Menschen geopfert hätten. Bewiesen ist das bis heute nicht. Dass allerdings die Römer ihre Feinde sinnlos in den steinernen Arenen unter großem Spektakel geopfert haben, das wissen wir mit Sicherheit.*
Im Opfermoor von Oberdorla wurden Tierschädel und -skelette gefunden. Aber auch menschliche Gebeine, die tödliche Verletzungen aufwiesen, wurden gefunden. Waren es Menschenopfer? Mussten die Menschen in ihrer großen Not aus der eigenen Sippe Menschen opfern, um die Naturgötter milde zu stimmen?

NH: Das Opfermoor war über fast tausend Jahre, von 500 vor Christus bis 500 nach Christus, ein bedeutender kultischer Ort, vor fast 1.500 Jahren

Nuancen und Töne, wie vielleicht noch nie zuvor. Die Welt in Grün, in Millionen Nuancen von Grün. Grün ist die Farbe der Hoffnung, der Fruchtbarkeit. Man sagt ja, man könne sich nicht satt sehen, aber vielleicht geht es ja doch: sich satt sehen, dass man sich fühlt wie nach einem reichlichen Festmahl.
Grün ist jedenfalls auch die Farbe der germanischen Götter oder zumindest ihrer kultischen Verehrung. In kein Haus einsperren wollten die Germanen ihre Gottheiten, so hat es der römische Geschichtsschreiber Tacitus festgehalten, der aber selbst nie in den Regionen war, die die Römer als Germanien bezeichneten. Die Ausgrabungen am Opfermoor von Oberdorla geben ihm recht. Kaum einen Stein hat man bei den Ausgrabungen gefunden, dafür Stäbe und

Der Blick über die weiten Felder bei Seebach

Ein Idol am Opfermoor

geriet er in Vergessenheit. Erst durch den Torfabbau in der Mitte des vergangenen Jahrhunderts hat man entdeckt, was sich hier verbarg. Der Abbau hat den See erst vor ein paar Jahrzehnten entstehen lassen. Auch das Areal, auf dem sich heute das kleine Freigelände befindet, ist nicht original. Trotzdem ist der Gedanke beeindruckend, dass über einen Zeitraum von 1.000 Jahren Menschen herkamen, um ihren Göttern zu huldigen, ihnen zu opfern und um ihren Segen für die Fruchtbarkeit der Erde zu erbitten.

AS: *Der Besuch im Opfermoor beginnt mit einer erstaunlichen Erkenntnis: „So primitiv hätte ich mir das nicht vorgestellt", enttäuscht wende ich mich zu Nikola. „Flechtwerke, ein paar Stäbe die in der Erde stecken. Wo sind die* *Steine? Wo die Menhire und Megalithen? Das kann doch nicht sein, da stimmt etwas nicht!" An Nikolas Blick sehe ich, dass sie meine Skepsis teilt.*
Aber die Ausgrabungen und archäologischen Forschungen sprechen untrüglich ihre eigene Sprache: Keine Steine – kein Stonehenge. Nur an der Rekonstruktion des Opferplatzes aus der Eisenzeit, aus der Zeit um 500 vor Christus, liegen einige Steine – danach nur noch Holz … Ich denke an das Observatorium in Goseck: auch dort nur einfache Holzstäbe, die das Heiligtum umgeben.
Die Irminsul, der „heilige Baum" der Germanen, wird auch als Stamm in der Erde beschrieben. Immer wieder nur Holz! Welch ein Glück, dass das Moor und seine konservierenden Bedingungen diese vergänglichen Schätze für uns bewahren konnte.

Die Weiden blühen und alles ist weiß

Im Museum in Weimar werden wir die rituellen Stöcke und Stäbe, die Idole mit ihren Einritzungen und spirituellen Bedeutungen aus der Nähe betrachten können. Sie waren verschiedenen Göttinnen und Göttern geweiht, geschnitzt aus Hasel-, Eschen-, Spitzahorn-, Weißdorn-, Buchen- und Lindenholz. Jede Baumart soll eine Gottheit repräsentiert haben: Wodan, Donar, Tiwaz, Freyr, Diana und Germania wurden während den Feierlichkeiten verehrt und angerufen. Als spirituelle Werkzeuge dienten neben den Kultstäben auch hölzerne Keulen, Paddel, Bumerangs und Blasinstrumente. Feuer wurden entzündet, Wasser- und Quellrituale abgehalten, Tiere geopfert, Zeremonien gefeiert. Die vielen Funde von verschiedenen Keramiken beweisen, dass es immer auch ein gemeinsames Festmahl gab. Das gemeinsame Essen und Trinken war wichtiger Bestandteil einer jeden Zeremonie. Funde von Paddeln und Fischen zeigen, dass die Menschen in manchen Jahrhunderten auch den See in ihre Rituale mit einbezogen haben.

Wir bewegen uns zwischen den rekonstruierten Opferplätzen und bestaunen Altäre, Umlauftempel, Schiffsheiligtümer, das Grab der Priesterin, Idolhütten und die vielen großen und kleinen Kultstäbe. Aus allen schamanischen Kulturen kennt man magische Stäbe der Medizinfrauen und -männer, die eine Verbindung schaffen sollen zwischen der Erde und dem Himmel. Selbst im Christentum hat sich dieser Kult in Form des Bischofstabs erhalten.

NH: Nachweislich waren es vor allem Fruchtbarkeitskulte, die am Opfermoor begangen wurden. Die

Der Milan wartet auf seine Chance

Menschen erbaten gute Ernten und ausreichend Nahrung. Ihre Kulte wirken offenbar bis heute nach, denn nachdem wir den See hinter uns gelassen haben, wandern wir zwischen fruchtbaren Feldern Richtung Seebach. Vor uns auf dem Weg streiten sich ein Milan und eine Krähe um den Trinkplatz an einer Pfütze. Wenn die Bauern dieser trockenen Region heute noch um die Fruchtbarkeit ihrer Felder beten, dann bitten sie mit Sicherheit um regelmäßigen leichten Regen. Schließlich gibt der Milan nach und wartet in der Hecke, bis die Krähe ihren Durst gelöscht hat. Er lässt uns passieren und erfreut uns damit, dass wir ihn im Vorbeigehen ganz aus der Nähe betrachten und fotografieren dürfen. Ich fühle mit dem großen Milan, der sich von der viel kleineren Krähe hat vertreiben lassen.

AS: *Meine nachdenkliche Stimmung wandelt sich, als wir auf den Weg am See einbiegen. Meine Gedanken werden ruhig und entlang der Wasserfläche finde ich in meine Mitte zurück. So bleibt es auch den restlichen Weg. Die Schafe und Ziegen zwischen den Kirschbäumen entführen mich in eine mediterrane Landschaft, und die Ruhe und Beschaulichkeit der Abenddäm-*

merung lassen mich zwischen den Zeiten wandern. Dass Menschen in dieser Schönheit Götter verehrt haben, ist leicht nachvollziehbar.

NH: Gleich, nachdem wir auf den Weg zwischen den Feldern eingebogen sind, haben wir eine große Schar der schwarzen Vögel aufgescheucht. Und wenn ich ehrlich bin, ist mir bei ihrem Anblick etwas mulmig geworden. Wie die meisten meiner Generation denke ich bei solch einem Schwarm sofort an Hitchcocks „Vögel". Der Film spielt mit dem Ruf, der die Rabenvögel seit dem Mittelalter verfolgt: Sie seien Unglücksboten und brächten Tod und Krankheiten.
Dass sie sich ausgerechnet hier in so großer Zahl zeigen, verbindet uns wieder mit dem Kultort am Opfer-

Abendstimmung über den Feldern

Die Schafherde ist so fasziniert von uns wie wir von ihnen (oben);
Die vielen Raben am Opferweg (unten)

moor. Die Germanen verehrten die Raben als Göttervögel. Der Gott Odin führte nach der Mythologie immer die beiden Raben Munin und Hugin mit sich, die er ausschickte, damit sie für ihn auskundschafteten, was in der Welt geschah. An ihrem Verhalten glaubte man, den Ausgang eines Vorhabens zum Beispiel in einem Krieg vorhersagen zu können – ein Glaube, den Babylonier, Griechen und Römer mit den Germanen teilten.

Die Vögel begleiten uns noch bis zu der großen Kirschplantage. Ob ihr Flug uns etwas sagen wollte, weiß ich nicht, ich kann ihn nicht lesen.

AS: *Links neben uns erstreckt sich ein dichter, mystischer Wald und nur ein einziger Gedanke kommt mir in den Sinn: „Ich möchte eins werden mit diesem Wald, hineingehen und dort für immer verweilen." Und da knackt es neben mir, und ein Rehbock springt zwischen den Bäumen hervor auf eine Lichtung, blickt in meine Richtung und sieht mir direkt in die Augen. Ich spüre eine tiefe, ursprüngliche Verbindung. In dieser Sekunde gibt es keine Trennung zwischen mir und dem Rehbock. Ich bin er und er ist ich. Sein kleines Geweih stolz in den Himmel gereckt, dreht er sich um und springt in den dichten Wald. Die Hörner als Verbindung zum Himmel, so haben sich die Kelten das Geweih dieser Tiere vorgestellt und deshalb waren Rehe und Hirsche auch heilig und hoch verehrt. Der gehörnte Gott Cernunnos spricht noch von diesem Kult. Und so wie unsere Vorfahren alles in der Natur finden konnten, was ihr Leben ausmachte und ihnen wichtig war, so habe auch*

Am Wegesrand

ich hier entlang des „Opferwegs" zum Moor in Oberdorla alles gefunden, bin ein Teil der heiligen Natur geworden.

TEXT: AUSZUG AUS DEM LIED VON AMAIRGEN, DER ALS ERSTER DRUIDE DER GÄLEN IN IRLAND BEZEICHNET WIRD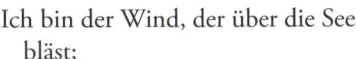

Ich bin der Wind, der über die See
    bläst;
Ich bin die Woge des Ozeans;
Ich bin das Murmeln der
    Nebelschwaden;
Ich bin der Stier der Sieben Kämpfe;
Ich bin der Geier auf dem Felsen;
Ich bin ein Strahl der Sonne;
Ich bin die schönste aller Blumen;
Ich bin ein wilder Eber an
    Heldenmut;
Ich bin ein Salm im Teich;
Ich bin ein See in der Ebene;
Ich bin das Können des
    Handwerkers;
Ich bin die gelehrte Wissenschaft;
Ich bin die kampfbereite
    Speerspitze;
Ich bin der Gott, der in den
    Menschen das Feuer des Geistes
    entflammt.
Wer erleuchtet die Versammlung auf
    dem Berge, wenn nicht ich?
Wer sagt die Zeiten des Mondes an,
    wenn nicht ich?
Wer zeigt den Ruheort der Sonne,
    wenn nicht ich?

RITUAL: KLEINES OPFER

Nimm dir vor, auf diesem Weg ein kleines Opferritual durchzuführen. Überlege dir, wofür du dankbar bist, was du erbitten möchtest und was deine Opfergabe ist. Bereite etwas vor, und nimm es auf die Wanderung mit. Wie aufwendig du dein Ritual gestalten willst, liegt bei dir. Am meisten Spaß macht es, ein Ritual in der Gruppe zu begehen.

ANREGUNG: NATURVERBINDUNG

Hast du schon einmal eine ganz tiefe Verbindung zur Natur gespürt? Probiere es aus. Versuche, dich mit einem Tier, einer Pflanze, einem Baum oder dem See zu verbinden. Klingt vielleicht verrückt, aber einen Versuch ist es wert. Und auf diesem Weg wird dir einiges begegnen, mit dem du es probieren kannst.

Steil fallen die Felsen an der Südseite der Hörselberge ab

6

DER WEG DER ZWEI GÖTTINNEN —

auf die Hörselberge

Vom Hörseltal aus betrachtet, sehen die Hörselberge aus wie ein langer Drachen, der sich vor die Ausläufer des Thüringer Waldes gelegt hat. Bis zu 75 Meter hoch sind die Felsen des Massivs und der Aufstieg beschwerlich. Wenn man weiß, dass noch bis Ende des 19. Jahrhunderts die Kuppe des Kamms fast kahl war, kann man sich vorstellen, warum der Gebirgszug für die Menschen weit über die Region hinaus so besonders war, dass er als Göttinnensitz verehrt wurde oder als Seelenberg.

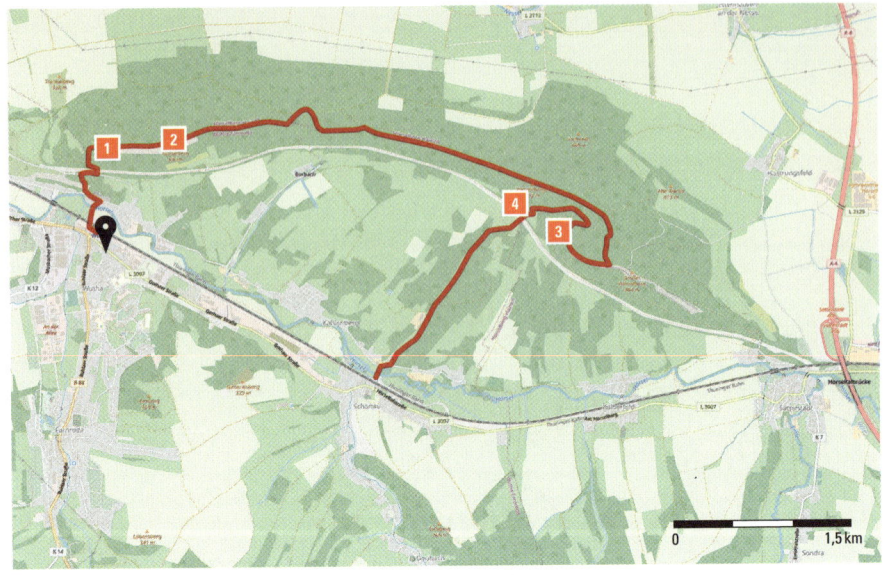

Start: Bahnhof Wutha, Bahnhofsplatz, 99848 Wutha-Farnroda
Ziel: Bahnhof Schönau (Hörsel), 99848 Wutha-Farnroda
Länge: 10,5 Kilometer
Gehzeit: 3:40 Stunden
Aufstieg/Abstieg: 298 Meter

1 Hexentanzplatz
2 Erbstromblick
3 Venushöhle
4 Jesusbrünnlein

WEGBESCHREIBUNG

Vom Bahnhof gehen wir durch die Unterführung und wenden uns unterhalb der Felsen nach links. Der Aufstieg zum Kammweg über die Hörselberge ist beschildert.

Wir erreichen über den sogenannten Hexentanzplatz das Gelände einer Gaststätte, die zuletzt geschlossen war, und wenden uns auf dem Sträßchen nach rechts und bei nächster Gelegenheit links.

An der Bank am Erbstromtalblick beginnt der Kammweg, der uns schließlich nach einem kurzen Abstieg auf einen Forstweg führt. Wir biegen rechts ab und wandern gegenüber dem überdachten Picknickplatz nach rechts weiter Richtung Sättelstädt. Den Abzweig zum Nessetal-Blick ignorieren wir und halten uns rechts.

An einer Kreuzung weist ein Schild nach rechts Richtung Schönau, wir bleiben aber noch auf dem Kammweg und stoßen schließlich auf eine breite Schotterstraße, der wir nach rechts folgen. Bei erster Gelegenheit nehmen wir den Wanderweg, der nach rechts abzweigt. Schon wenige Meter weiter biegen wir nach links ab und nehmen auch hier nicht den direkten Weg nach Schönau.

Aussicht vom Erbstromblick zum Thüringer Wald

Am Aussichtspunkt führt unser Weg nach rechts in Richtung Venushöhle. Vorher gehen wir aber links zum Berggasthaus „Großer Hörselberg". An der Venushöhle treffen wir auf eine Tafel, so dass sie nicht zu verpassen ist. Danach halten wir uns an der Gabelung rechts und danach am Querweg links. Wir ignorieren die Abzweigung nach Sättelstädt und gehen geradeaus. Links kommt eine Wiese, die Apotheke genannt wird, und danach zweigt unsere Route auf den Pfad nach rechts ab zum Jesusbrünnlein. Dort gehen wir links hinunter und unten rechts. Geradeaus geht es nun bis zum Bahnhof in Schönau.

WEGERLEBNISSE

NH: Hör-Seelen-Berge, so müssten der Kleine und der Große Hörselberg eigentlich heißen, behaupten manche der zahlreichen Legenden, die davon berichten, dass aus seinem Inneren die Schreie der Seelen und andere Geräusche dringen. Eine Königin kam demnach sogar aus dem fernen England angereist, um ihren geliebten Ehemann aus dem Fegefeuer zu befreien, das sie hier vermutete.

Diese Geschichte ist sehr spannend, beweist sie doch, dass der Ruf der Hörselberge weit über die Region hinaus reichte – lange, bevor sich

Der Wacholder trägt schon Beeren (oben);
Wilder Thymian (unten)

Richard Wagner hier zu seiner Tannhäuser-Oper inspirieren ließ.
Wir hören keine Geräusche aus dem Inneren des Berges, als wir uns ihm nähern.

AS: *Mir erscheint die Wanderung auf die Hörselberge an diesem schwülen Sommertag eher wie ein Ausflug in die mediterrane Provence: Wilder Majoran und Thymian stehen am Weg, Wacholder und Wildrosen, und immer wieder müssen wir durch üppige Blätterhöhlen in den Schoß des Waldes eintreten. Kräuterkundige Frauen und Heilerinnen sollen hier auf dem Felsenzug auch schon in früheren Zeiten ihre Medizin gesammelt haben.*

NH: „Hexentanzplatz" hat jemand einen Teil des Gastgartens der alten Gaststätte am Kleinen Hörselberg

genannt. Was wahrscheinlich folkloristisch und märchenhaft klingen soll, hat durch die Hexenverfolgung, die auch in Thüringen sehr stark betrieben wurde, einen grauenhaften Hintergrund. Und der Teil der Erzählungen, die sich um die Frau Venus und den Tannhäuser auf dem Hörselberg drehen, zeichnen immer noch ein Bild der gefährlichen Frau, in deren Reizen sich der Mann heillos verfängt.

AS: *Hexen, eine männerverzehrende Venus, Tannhäuser, der verbotenerweise von der körperlichen Liebe spricht und sie auch praktiziert, die Göttin Hulda, die mit den Seelen der gefallenen Germanen auf Jagd geht, der Teufel und die Dämonen, die im Berg wohnen: Dies alles klingt nicht nach einem Götterberg der Freude und Fülle. Mittlerweile gehen viele Historiker aber davon aus, dass sich an solchen Orten wichtige vorchristliche Kultstätten befanden, wo sich Legenden vom Teufel, von Dämonen und Hexen halten oder wo die Flurnamen entsprechend lauten.*

NH: Unvorstellbar, dass es hier oben nicht bewaldet gewesen sein soll. Der Kammweg ist bald nur noch ein schmaler Pfad, immer enger wach-

Das Grün umfängt uns am Kleinen Hörselberg (links); Eine Heckenrose (oben); Am Berggasthof am Großen Hörselberg (unten)

sen die Sträucher und Bäume an uns heran. Rechts von uns die steile Abbruchkante, bewegen wir uns zwar nur leicht, aber doch stetig bergauf. Es ist mir, als müsste ich mich immer mehr anstrengen, um den konstanten Anstieg zu bewältigen. Andrea ist weit voraus, ich werde immer langsamer, und nun fühle ich mich, als würde ich mich gar nicht mehr selbst bewegen, sondern als würde ich gezogen.

Am Scheitelpunkt, am höchsten Punkt des Kleinen Hörselberges, steht ein Grenzstein, und dieser markiert für mich den Übergang: Als würde mich die Schwerkraft nach unten ziehen, nehme ich Fahrt auf, werde immer schneller, und je schneller ich werde, desto mehr Energie nehme ich auf. Als ich mich kurz umdrehe bin ich beim Blick zu-

rück verwundert, dass der Weg nur leicht geneigt ist – mir kam er viel steiler vor.

AS: *Buchen oder Hainbuchen? Hier stehen sie eng nebeneinander und es wird deutlich, dass die beiden Bäume nicht nur biologisch, sondern auch energetisch nicht viel gemein haben. Die Hainbuche gehört zur Familie der Birken und hat etwas gezacktere Blätter. Wenn man sie berührt, fühlen sie sich fast so an wie Papier. Buchenblätter dagegen sind glatt und glänzend. Der wichtigste Unterschied aber ist, dass die Hainbuche im Herbst zwar ihre Blätter verfärbt, sie aber nicht fallen lässt. Aus diesem Grund und weil sie bis unten hin ihre Äste ausbildet, ist sie ein beliebter Baum für Hecken und Zäune. Also ist die Hainbuche auch ein Baum der Begrenzungen, ein-*

Die Hainbuche erkennt man an ihren Stämmen …   … und an den gesägten Blättern

gesetzt, um das eigene Hab und Gut zu markieren und zu sichern.

NH: Als ich Andrea einhole, erzählt sie mir von den Buchen und den Hainbuchen und davon, wie man sie unterscheiden kann. Ich bin ihr sehr dankbar, denn in diesem Moment lerne ich die beiden Bäume alleine daran zu unterscheiden, wie sich ihre Blätter anfühlen: die raue und stark gesägte Kante der Hainbuchenblätter, ihre trockene und papierene, deutlich geäderte Struktur einerseits und das saftige, bewegliche und flexible Blatt der Buche andererseits. Ich nehme noch das Blatt der Haselnuss dazu, dass zwar größer ist, aber gerade im Frühling den anderen sehr ähnlich sieht. Bisher hatte ich nicht gewusst, dass ihre Blätter sich fast wie Plüsch anfühlen, so weich und fast flauschig.

AS: *Am Großen Hörselberg angekommen ist es fast, als würden wir entlang einer Allee wandern: Linden und Eichen wechseln sich ab. Man fragt sich, worauf man zuwandert und wo man schließlich ankommen wird. Und am Erbstromblick angekommen wissen wir es: Die Aussicht ist überwältigend und wir genießen die Stille und Ruhe.*
Ich kann mir gut vorstellen, dass die Menschen hier ihre Feuer in den Himmel leuchten ließen um gemeinsam Jahreskreisfeste wie Beltane, Litha oder Lughnasadh zu feiern und den Göttern und Göttinnen für die Fruchtbarkeit und Fülle der Natur zu danken. Und eine dieser Göttinnen empfängt uns an der Höhle: Venus oder Frau Holle?

NH: Nun wage ich mich also in die Höhle. Früher hat sie Hörselbergloch

Der Weg führt über den Kamm der Hörselberge

geheißen. Manche Legenden erzählen, dass durch diese Höhle – wie im Märchen durch den Brunnen – die Menschen zur Frau Holle eingegangen seien, zur Göttin des Übergangs von Leben und Tod. Hier soll ein wichtiger vorchristlicher Kultplatz gewesen sein. Erst seit der Romantik Ende des 19. Jahrhunderts wurde die Höhle in Venus-Höhle umbenannt und touristisch beworben.

AS: *Langsam wage ich mich in den Schoß der Mutter Erde vor und fühle eine totenartige Stille, die sich in mir ausbreiten möchte: Noch bevor dieser Impuls stärker wird, gehe ich wieder hinaus, strebe dem Licht zu und bin froh, der Finsternis und den in mir auftauchenden Bildern von im Berg eingeschlossenen Menschen zu entkommen.*

NH: Ich gehe wenige Schritte hinein in den Berg. Es wird gänzlich dunkel vor mir, und als ich mich umwende, stelle ich fest, dass auch hinter mir kein Lichtstrahl mehr zu erkennen ist. Ich bin im Inneren des Berges. Hinter mir höre ich, dass Andrea hinausgeht, und ich wage es, noch einen Moment in der Dunkelheit zu verharren. So eine totale Finsternis habe ich noch selten erlebt, und ich wundere mich darüber, dass ich weder Angst noch Beklemmung empfinde. Die Frau Holle ist für mich hier in der Höhle jedenfalls keine Göttin, die mir Furcht einflößen würde.

AS: *An den Felsen gelehnt, warte ich auf Nikola und denke an Richard Wagner und seine Oper, zu der er angeblich an diesem Ort inspiriert*

Im Hintergrund die Berge des Thüringer Waldes (oben); Auch die Kühe genießen die Stille am Jesusbrünnlein (unten)

wurde: Diese beginnt mit dem Besuch des Minnesängers Tannhäuser in der Venushöhle in den Hörselbergen. Er gibt sich der heidnischen Göttin hin, doch dann entflieht er zu seiner reinen und unschuldigen Elisabeth an den Hof der Wartburg. Dort wird er, der in der lasterhaften und heidnischen Venushöhle war, verstoßen. Nur wegen der Fürbitte Elisabeths darf er nach Rom pilgern und um Vergebung seiner Sünden bitten. Dort angekommen, wird ihm das jedoch verwehrt. Im ersten Schmerz will er zurück zur Venus, dann doch nicht, und schließlich erfährt er, dass seine Jungfrau Elisabeth für ihn und seine Sünden geopfert wurde. Alles Unheil endet schließlich, wie kann es anders sein, mit der Absolution Tannhäusers durch Gott selbst. Halleluja! Aber was wurde aus den Frauen? Die eine ist tot, die andere auf ewig in der Höhle gefangen … Bravo!

NH: Auf dem Weg ins Tal wartet noch das Jesusbrünnlein auf uns. Es gibt nicht viel Wasser auf den Hörselbergen. Insofern ist es kein Wunder, dass die kleine Quelle als heiliger Ort gilt. Die Sage erzählt, dass der Heiland selbst einen Schäfer und seine Herde vor dem Verdursten gerettet habe. Der Platz unter den zwei Linden wird seit 1535 und immer noch an jedem Sonntag nach Pfingsten aufgesucht, um hier den „Kräutersonntag" zu begehen. Der Ort ist perfekt geeignet, befindet sich doch gleich gegenüber die sogenannte „Apotheke", eine heute unter Naturschutz stehende Kräuter- und Blumenwiese, auf der auch seltene Orchideenarten wachsen. Ein Platz in der Natur, um

Die Apotheke: eine geschützte Kräuter- und Blumenwiese

Am Jesusbrünnlein

Gottesdienst zu halten, wie auch immer dieser Gott oder diese Göttin heißen mag.

AS: *Mir reicht es mit den patriarchalen Geschichten rund um die Venushöhle, und ich widme mich lieber den Bäumen, Pflanzen und Tieren und meiner Lieblingsgöttin Hel oder Holle. Die Unterweltsgöttin, die Schwierige, die Urteilende – sie ist an meiner Seite: „Geh und lass dich nicht beirren von den alten Geschichten, sei stark und selbstbestimmt", raunt sie mir ins Ohr. Ein heftiger Windstoß rauscht durch die Bäume, und ich höre ihr lautes Lachen. Es trägt mich hinunter von diesem Seelenberg hin zu den üppigen Wiesen und Feldern ins Tal.*

TEXT: AUS DER TANNHÄUSER-OPER VON RICHARD WAGNER

Von hier an betritt der Trauerzug die Tiefe des Tales, die älteren Pilger voran; den offenen Sarg mit der Leiche Elisabeths tragen Edle, der Landgraf und die Sänger geleiten ihn zur Seite, Grafen und Edle folgen.

MÄNNERGESANG:
Heilig die Reine, die nun vereint göttlicher Schar vor dem Ewigen steht!
Selig der Sünder, dem sie geweint, dem sie des Himmels Heil erfleht!
Auf Wolframs Bedeuten ist der Sarg in der Mitte der Bühne niedergesetzt worden. Wolfram geleitet Tannhäuser zu der Leiche, an welcher dieser niedersinkt.

Eingang zur Höhle der Göttin Venus – oder der Frau Holle?

In der Venushöhle

TANNHÄUSER:
Heilige Elisabeth, bitte für mich!
Er stirbt.
DIE JÜNGEREN PILGER:
*auf dem vorderen Bergvorsprung ein-
herziehend.*
Heil! heil! der Gnade Wunder Heil!
Erlösung ward der Welt zutheil!
Es tat in nächtlich heil'ger Stund'
der Herr sich durch ein Wunder
kund:
den dürren Stab in Priesters Hand
hat er geschmückt mit frischem
Grün:
dem Sünder in der Hölle Brand
soll so Erlösung neu erblühn!
Ruft ihm es zu durch alle Land',
der durch dies Wunder Gnade fand!
Hoch über aller Welt ist Gott,
und sein Erbarmen ist kein Spott!
Halleluja! Halleluja!
Halleluja!
ALLE:
in höchster Ergriffenheit.
Der Gnade Heil ist dem Büßer be-
schieden,
er geht nun ein in der Seligen
Frieden!
Der Vorhang fällt.

RITUAL: IN DER HÖHLE

In eine Höhle zu gehen ist an und für
sich schon eine Art Ritual: Man tritt
ein in den Schoß der Mutter Erde.
Meist ist es eng und dunkel. Es gibt
Menschen, die in Höhlen alle Hül-
len fallen lassen und heulend oder
wütend schreiend wieder heraus-
kommen. Da die Venushöhle, so wie
viele Höhlen, im Winter Heimat für
Fledermäuse ist, wäre es nicht gut,
Kerzen oder andere künstliche Din-
ge in die Höhle zu stellen. Aber einen
besonderen Stein kann man dort ab-
legen, ihn mit einem kurzen Spruch,
Segen oder Dank versehen – zu Ehren der Fruchtbarkeitgöttin Venus
oder der Unterweltsgöttin Hel, wie
es beliebt.

Die beeindruckende Ruine der Burg Gleichen

7

DER WEG VON GLEICHHEIT UND VERSCHIEDENHEIT —

die Drei-Gleichen-Runde bei Gotha

Sie heißen die „Drei Gleichen", obwohl sie keine Ähnlichkeit miteinander haben, weder zur gleichen Zeit gebaut wurden noch jemals den gleichen Herrschern gehörten: Mühlburg, Gleichenburg und Wachsenburg. Eine Legende erzählt von einem Kugelblitz, der gleichzeitig in alle drei Burgen gefahren sein soll, so dass sie Feuer gefangen hätten und wie drei gleiche Fackeln weithin sichtbar geleuchtet hätten. Andrea hat sofort vermutet: Die Berge waren bestimmt Brandopferplätze. Nikola hat sich als Erstes gefragt: Warum diese Gleichmacherei? Warum heißen die drei nicht, wie sie sind: die „Drei Verschiedenen" etwa oder die „Drei Unvergleichlichen"?

Start/Ziel: Parkplatz Veste Wachsenburg, 99334 Amt Wachsenburg
Länge: 14,5 Kilometer
Gehzeit: 4:30 Stunden
Aufstieg/Abstieg: 340 Meter

1 Alabasterbruch
2 Alte Burg auf der Schlossleithe
3 Mühlburg
4 Radegund-Kapelle
5 Gleichenburg
6 Veste Wachsenburg

WEGBESCHREIBUNG

Am Ende des Parkplatzes unter der Veste Wachsenburg steht eine Tafel, auf der die Geschichte des Grafen von Gleichen erzählt wird, dort beginnt auch der gleichnamige Weg, dem wir wenige Meter bis zur Gabelung folgen. Dort und auch an der nächsten Kreuzung halten wir uns links Richtung Alabasterbruch.

Der Weg führt an einem Zaun ent-

lang, und hinter diesem steigen wir schräg rechts hinab auf die kleine Straße zu, an der wir gleich rechts auf den Schotterweg abzweigen. An einer Kreuzung führt ein Weg nach rechts zum ehemaligen Alabasterbruch hinauf. Die Hauptroute führt hier geradeaus weiter bis zu einer Kreuzung, an der nach links die Radegund-Kapelle auf der Mühlburg ausgeschildert ist.

Am Picknickplatz auf der Höhe

Am See mit Blick auf die Wachsenburg (links); Blick auf Mühlberg (oben); Die Größe der einstigen Gleichenburg ist noch zu erahnen (unten)

zweigen wir noch vor der Straße im spitzen Winkel nach rechts auf den Pfad ab. Nun wandern wir auf dem Höhenzug der Schloßleite in Richtung Mühlburg.

An einem Picknickplatz folgen wir dem Schild zur ehemaligen Burganlage „Hohe Nummer" nach rechts. Man kann den Weg zur alten Burg kaum erkennen, aber er führt uns an deutlichen Spuren einer frühen Besiedlung vorbei. Vor einem Hügel zweigt der Weg nach links ab und führt im Bogen wieder zurück. Wer mag, macht noch den kleinen Abstecher nach oben. Nun bleiben wir auf dem oberen Weg, der uns in die Richtung, aus der wir gekommen waren und bis zu einer größeren Kreuzung mit verschiedenen Informationstafeln führt. Dort geht es schräg rechts weiter bis zur Burg und zur Kapelle.

Anschließend müssen wir ein kleines Stück zurückgehen, um die Treppe bergab zu nehmen, die uns geradeaus bis zum Dorfplatz führt. Dort gehen wir gegenüber der Kulturscheune am Vorwerk vorbei weiter. In die Straße biegen wir nach rechts ab und folgen dann den Schildern zur Öl- und Graupenmühle. Am Bach entlang gehen wir bis zur Töpfergasse, in die die Burgen-Route abzweigt.

An der Tankstelle gehen wir rechts vorbei, geradeaus über einen Hof und dahinter auf die Autobahn zu. Davor wenden wir uns nach links und unterqueren die Straße, um dahinter sofort nach rechts abzubiegen. Zwischen zwei Feldern lassen wir uns von den begrenzenden Hecken links hinaufführen. Noch vor der Straße wenden wir uns nach rechts und an der Gabelung links. Wieder im Wald

Grenzstein auf der Schlossleithe (oben); Es summt um uns herum (unten); Im schützenden Eichenwald (rechts)

gehen wir an der Abzweigung nach rechts bergauf. In den Schotterweg nach rechts abgebogen, erreichen wir die Gleichenburg.

Beim Abstieg von der Burg wandern wir um den Berg herum und halten uns an der Gabelung rechts. Entlang der Straße gehen wir ein kurzes Stück nach rechts, um sofort hinter der Gaststätte wieder rechts abzuzweigen. Der Asphaltweg führt uns zurück auf die andere Seite der Autobahn, wo wir einen Querweg kreuzen und geradeaus über eine Brücke wandern.

Auch die kleine Straße überqueren wir geradeaus Richtung Wachsenburg. Nachdem wir einen See passiert haben, wenden wir uns an der T-Kreuzung nach rechts. Den breiten geschotterten Weg verlassen wir nach links, wo die Veste Wachsenburg auf

dem Graf-Gleichen-Weg nach links über einen Naturpfad ausgeschildert ist. An der gleich danach folgenden Gabelung nehmen wir den linken Weg, der uns zurück zum Parkplatz unter der Veste führt.

WEGERLEBNISSE

NH: Andrea und ich haben viel gemeinsam: Wir kommen aus Medienberufen, haben 2018 unsere langjährigen Tätigkeiten aufgegeben und uns neu orientiert, wir sind kaum unterschiedlich alt, haben in unserer Lebensgeschichte manche Parallelen – und würden im Leben nicht auf den Gedanken kommen zu behaupten, dass wir uns ähnlich seien, geschweige denn gleich. Gerade weil wir so unterschiedlich sind, haben

DER WEG VON GLEICHHEIT UND VERSCHIEDENHEIT

Höhle am Alabasterbruch (links); Über der Höhle das Dach aus Ästen und Blättern (oben); Alabastergestein (unten)

wir uns für das gemeinsame Schreiben entschieden. Und schon oft erfahren, dass es ganz und gar nicht einfach ist, im Gegenüber der anderen das Eigene zu bewahren und die Verschiedenheit auszuhalten.

Doch darin waren wir uns auf Anhieb einig, als wir zum ersten Mal auf der Autobahn an den drei Burgen vorbeigefahren sind: Die Drei-Gleichen-Burgen machen uns beide sehr neugierig. Und als wir dort sind, wollen wir uns auch beide den Alabastersteinbruch als erstes anschauen. Während Andrea als Erstes in die kleine Höhle hinabsteigt, zieht es mich zunächst zu den Felsen. Ich bin heute nicht so mutig und so zeige ich Andrea den Platz am hinteren Ende des Bruches zwar, lasse sie aber zuerst hinaufklettern und wage mich erst dann nach oben. Die Perspektive von

unten auf die Wurzeln der höher am Hang stehenden Bäume ist außergewöhnlich. Es sind Buchen, sagt Andrea. Es sind Haselnüsse, sage ich. Und nach längerem Diskutieren stellen wir fest: Wir haben beide recht. Es sind verschiedene Arten, die über uns wachsen.

AS: *Der Duft, der uns schon am Beginn des Weges empfängt, ist einzigartig: harzig und würzig. Die Kiefern erkennt man nicht nur an ihrem Aussehen, sondern vor allem an ihrem markanten Geruch. Und durch die Äste der Nadelhölzer habe ich den ersten Blick auf die erste der Drei, die Wachsenburg. Über die Wiese hinunter säumen Apfelbäume unseren Weg, und am Beginn des Steinbruchs erwarten uns zwei großen Eichen, deren Äste bis auf den Boden reichen: Wie*

Die Ruine der Mühlburg (oben); Kräuterwiese an der Radegund-Kapelle (unten); Der Turm der Mühlburg (rechts)

Wächter stehen sie am Weg hinauf zu der Felswand und den beiden Höhlen. Alabaster ist eine Art Gipsgestein, und ich kenne den Ausdruck Alabasterhaut für einen sehr ebenmäßigen und hellen Teint. Im Barock war dies ein Schönheitsideal, wurde allerdings eher durch weißliche Schminke erreicht als durch natürliche Reinheit. Und tatsächlich kennt man Alabaster vor allem in Form von kleinen Figuren, wirkt doch der Stein geschliffen wie Marmor. Schon im Alten Ägypten wurden daraus Statuetten von Gottheiten geformt. Umso mehr bin ich von diesem versteckten Ort begeistert und fasziniert: Die Alabaster-Göttinnen, drei weiße, durchscheinende, zarte Frauen in hellen wehenden Gewändern, ätherisch und schön. Von Gestalt ganz gleich, aber verschieden in der Regung ihrer Herzen …

NH: Manche sagen, die Lage der drei Burgen auf den drei Bergen sei so ähnlich, dass sie die Drei Gleichen heißen. Aber auch das können wir nicht bestätigen. Liegen die Gleichenburg und die Wachsenburg jeweils auf sehr kegelförmigen Bergen, steht die Mühlburg auf dem Sporn eines langgezogenen Bergrückens, der Schloßleite. An ihrem höchsten Punkt stand einst die Vorgängerburg, die ersten Belege dafür reichen bis ins Jahr 704 zurück. Der Platz liegt ganz versteckt im Wald, nur einige alte Mauerreste sind noch erkennbar.

AS: *Was mich entlang des gesamten Weges beeindruckt sind die Sichtachsen zwischen den Burgen: Meist alle drei, aber zumindest zwei Burgen hat man immer im Blick. Hinter einem Rastplatz am Hügel gegenüber der Wachs-*

Der vegetationsarme Südhang unter der Gleichenburg ist ein außergewöhnliches Geotop

enburg führt der Weg in den Wald, und unser Blick fokussiert sich dadurch auf die Bäume. Sind es zuerst wieder Kiefern, geht der Wald bald in einen aus Eichen und Buchen über. Fast wie durch ein Spalier aus Eichen wandern wir entlang des Bergrückens – für eine kurze Zeit sind alle Burgen vergessen.

Noch bevor wir an die Mühlburg kommen, biegen wir in den Wald zur ursprünglichen Wallburg. Wie von Zauberhand zieht es uns dorthin und magisch erscheint auch der Wald: Es ist mir, als ob mich aus allen umgefallenen Baumstämmen und Wurzeln Gesichter anblickten: als wären Menschen in den Wurzeln der umgefallenen Bäume versteinert, wie Kunstwerke. Uns ist klar: Hier ist vielleicht der älteste Platz der Wanderung. Die alte Wallburg, der Brandopferplatz – nicht viel davon mehr sichtbar, spürbar dafür umso mehr …

NH: Als wir die Ruine der Mühlburg auf dem Sporn erreichen, ist es tatsächlich äußerst beeindruckend, das Zusammenspiel der drei Burgen auf sich wirken zu lassen. Mich faszinieren allerdings vor allem die erhaltenen Grundrisse der kleinen Kirche noch vor dem die Burg umgebenden schützenden Graben: Die Kirche ist der Heiligen Radegunde von Thüringen geweiht gewesen. Sie war die Tochter des Thüringerkönigs Barthachar. Ihr Großvater hatte das Königtum auf seine drei Söhne verteilt, wahrscheinlich in dem Glauben, die drei von Familie und Stand Gleichen würden gemeinsam sein Werk fortsetzen. Doch weit gefehlt, der Älteste erschlug den Jüngsten, Radegundes Vater, und unterlag in vernichtenden Kriegen schließlich den Franken, womit das Ende der Thüringer be-

Manchmal hört man das Glöckchen läuten (oben); Eine fleißige Hummel (unten)

siegelt war. Radegunde war 13 Jahre alt, als sie als Kriegsbeute nach Poitiers in den Westen Frankreichs verschleppt wurde. Dort wurde sie mit dem Frankenkönig zwangsverheiratet, konnte dieser Ehe aber entkommen und weihte ihr Leben ganz der neuen Religion. In Frankreich wird sie bis heute für ihre Mildtätigkeit und Großherzigkeit verehrt, während sie hierzulande weitgehend unbekannt ist. Aus der Frankenkönigin wurde eine Nonne, und sie scheute sich nicht davor, selbst Leprakranke zu küssen. Im Kloster verrichtete sie für die Mitschwestern die niedrigsten Dienste, eine Gleiche unter Gleichen wollte sie sein.

AS: *Meist haben alte Burganlagen etwas Dunkles und Düsteres, aber nicht die Mühlburg. Sie steht frei und leuch-*

tend auf ihrem Berg. Die Wiesen um sie herum sind übersät mit Kräutern und Blumen, und es ist mir, als ob ich weiße Gestalten in der Ruine der Radegundis-Kapelle tanzen sähe. Sind es wieder die drei Alabaster-Göttinnen oder ist es die jugendliche Radegunde, die mit ihren Kammerfräulein tanzt, nicht ahnend, dass sie bald ein schweres Schicksal ereilen wird …?

NH: Die Grafen von Gleichen auf der Gleichenburg waren wichtige Männer: Als Vögte herrschten sie stellvertretend für das Mainzer Erzstift über Erfurt und das Eichsfeld. Bis heute berühmt sind sie allerdings wegen der Legende um zwei Frauen – die mit ihrem Ehemann nicht nur das Bett, sondern auch das Grab teilten. Der Graf, so die Geschichte, war bei einem Kreuzzug in Gefangenschaft

Regt die Phantasie an: die Gleichenburg-Ruine

Durch den Kiefernwald an der Wachsenburg

geraten. Die Sultanstochter hatte sich jedoch in ihn verliebt, und gegen das Versprechen der Ehe verhalf sie ihm zur Flucht. Da er aber bereits verheiratet war, pilgerte er zum Papst und erbat die Erlaubnis, ausnahmsweise zwei Ehefrauen haben zu dürfen. Tatsächlich steht bis heute im Erfurter Dom eine Grabplatte, die den Grafen mit zwei Frauen zeigt.

AS: *Auf der Burg Gleichen erwartet uns ein ähnliches Gefühl wie auf dem Berg gegenüber. Fast wirkt die Ruine wie eine Filmkulisse: Die Mauern regen die Phantasie an, und die Bäume und Kräuter, die im ehemaligen Burghof wachsen, machen alles bunt und lebendig. Die unterschiedlichen Teile der Burg aus verschiedenen Epochen wollen erkundet werden, und der unter uns fließende Autobahnverkehr ist ver-*

gessen. Ich denke an die beiden Frauen, die sich einen Mann geteilt haben. Ob die Erstfrau die Zweitfrau hier begrüßt hat? Die Legende erzählt, dass die Sultanstochter freundlich willkommen geheißen wurde.

NH: Und die Familie hatte aus irgendeinem Grund Freude daran oder Nutzen daraus, an der Legende zu stricken. So konnte man auf dem Schloss etwa ein Bett für drei besichtigen. Sollte es so etwas wie eine PR-Kampagne gewesen sein, dann war sie überaus erfolgreich: Gemälde, Dramen, Singspiele, sogar eine wenn auch unvollendete Oper widmeten sich dieser Geschichte. Wenn es einen Funken Wahrheit dahinter geben sollte, wäre allerdings der Ruhm doch wohl auf der Seite der Frauen zu suchen, die sich in all ihrer Unter-

Blick durch die Kiefern zur Burg   Die Wachsenburg im Abendlicht

schiedlichkeit arrangiert hätten aus Respekt füreinander und aus Liebe.

AS: *Auf unserem Weg zurück über die Felder in Richtung Wachsenburg, vorbei an einem idyllischen Weiher, gleiten meine Gedanken wieder zu den Frauen: Eine verschleppt nach Frankreich und dort zwangsverheiratet, die andere durch einen Schwur um eine fremde Heirat bittend. Unterschiedlicher könnten die Geschichten der Königstochter Radegunde und der Sultanstochter nicht sein: Die Frauen als Spielball der Männer und Politik. Viele Jahrtausende war es so.*
Wir zwei Frauen wandern heute in einer Zeit und in einem Land, die es uns erlauben frei und unabhängig zu sein: Geschichten erzählen, Wege gehen, unsere Selbstständigkeit leben. Welch ein gar nicht so selbstverständliches Glück,

das ist, wird uns auf diesem Weg wieder einmal klar: Im Bann zwischen den Drei-Gleichen-Burgen fühlen wir uns weder gleich noch anders, sondern privilegiert und vom Schicksal reich beschenkt.

TEXT: GEDICHT VON LUDWIG BECHSTEIN

Der Wanderer und die Gleichen

Drei Burgen grüßen herüber,
Drei Schlösser von stolzen Höh'n.
Mein Herz sehnt sich hinüber,
Auf jenen Bergen zu stehn.

In Tagen, längst entschwunden,
Im blüh'nden Jugend-Mai,
Lebt' ich dort schöne Stunden;
Die Zeiten sind vorbei!

In der Mitte der Burg Gleichen steht eine Linde

Mohnblumen in der Abendsonne

Einst stand ich in jenen Ruinen,
Und rief die Freunde zurück;
Doch nur bleiche Schatten
  erschienen
Und wallten vorüber dem Blick.

Und sah die Hallen zertrümmert
Und sah die versunkene Pracht;
Da hab' ich im Herzen bekümmert
An Jugend und Liebe gedacht.

Die Burgen stehen und trauern
Und künden die Macht der Zeit;
Die Trümmer überdauern
Den Glanz und die Herrlichkeit.

ANREGUNG: SEI KREATIV!

Die mittlere der drei Burgen, die Gleichenburg, eignet sich hervorragend, um kreativ zu sein und deiner Phantasie ihren Lauf zu lassen: Die alten Mauern, der Baum in der Mitte, die vielen Kräuter und Blumen – dies alles inspiriert den Geist und löst uns von unseren Alltagssorgen. Und das ist das Geheimnis der schöpferischen Kraft: Ganz im Jetzt sein, alle Gedanken und Sorgen ausblenden und sich voll den Empfindungen hingeben – der eigenen Kreativität freien Lauf lassen. Dies bedeutet auch, nicht sofort zu bewerten, was sich aufs Papier schreibt oder malt, sondern es einfach fließen lassen. Egal ob singen, schauspielern, rezitieren, schreiben oder malen: Nimm dir vor, auf der Gleichenburg ganz unvergleichlich kreativ zu sein.

Fast mediterran ist es auf der Schwellenburg

8

DER WEG DER MITTE –

an der Schwellenburg bei Erfurt

Zwischen der Schwellenburg, die keine Burg, sondern ein Gipsberg ist, und der Orphaler Kirche, die keine Kirche, sondern ein Flurstück ist, könnte es nicht unterschiedlicher sein: Licht und Schatten, Höhe und Tiefe, Kargheit und Üppigkeit, Trockenheit und Nässe wechseln sich ab. Und so ist es für uns eine Wanderung durch die eigenen Gegensätze. Und dazwischen der Ort Tiefthal, der vom jahrhundertelangen Weinbau geprägt ist und sich heute als schön renoviertes und kunstliebendes Städtchen präsentiert. Wir sind begeistert von dem Auf und Ab und dem Dazwischen, das uns durch die fruchtbare Landschaft von jungsteinzeitlichen Funden bis ins klösterliche Mittelalter entführt.

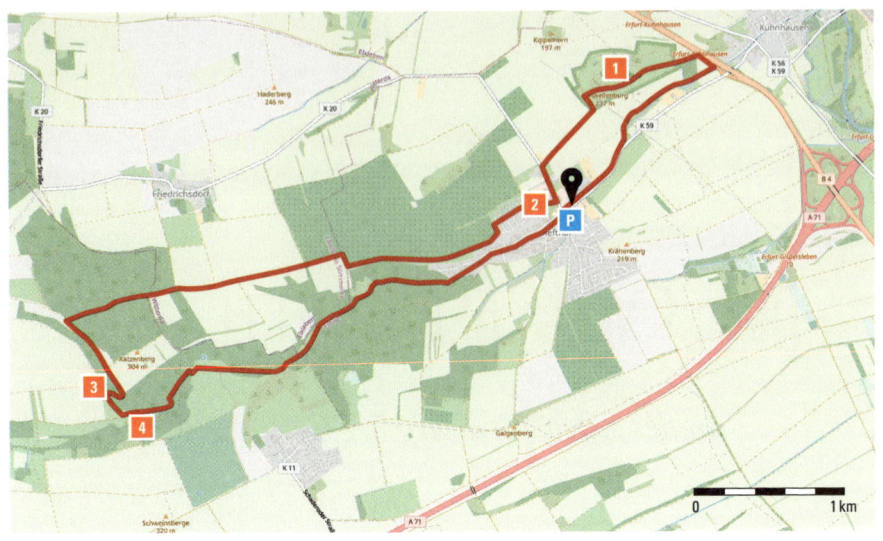

Start/Ziel: Bachstraße, 99189 Erfurt-Tiefthal
Länge: 11,5 Kilometer
Gehzeit: 3:15 Stunden
Aufstieg/Abstieg: 205 Meter

1 Schwellenburg
2 Sankt Peter und Paul
3 Orphalquelle
4 Klosterwiese

WEGBESCHREIBUNG

Von Tiefthal aus gehen wir am linken Ufer des Baches in Richtung der Schwellenburg. Der Weg führt uns auf die Bundesstraße zu, und davor biegen wir links ab und wenden uns baldmöglichst wieder links, um auf die Schwellenburg zu wandern.

Geradeaus leitet uns der Weg über den Berg, wir orientieren uns an seiner linken Seite, bis wir rechts unter uns die von Karstfelsen umgebene kleine Arena erreichen. Talwärts nehmen wird den rechten der beiden Wege.

Noch nicht ganz am Fuß des Hügels angekommen, wenden wir uns auf dem Querweg nach links und dann bei nächster Gelegenheit nach rechts. So bewegen wir uns wieder auf das Dorf zu.

Die kleine Straße führt uns nach links Richtung Tiefthal. Noch bevor wir das Dorf erreichen, zweigen wir in die Straße „Eselshöhle" nach rechts ab und halten uns an der Gabelung links. Am Friedhof und an der Kirche vorbei, gehen wir bis an das Ende der Siedlung, wo wir uns kurz nach links wenden, um dann noch vor der Treppe rechts abzubiegen.

Dort wo die Obstplantage endet, wenden wir uns nach rechts und lassen uns von einem schmalen Pfad

Erster Blick zur Schwellenburg (links); Am Weg durch Tiefthal (oben); Der Schmetterling der uns begleitet heißt Schachbrett (unten)

zwischen zwei Hecken hindurch nach links weiterführen. Nun gehen wir immer geradeaus zwischen den Feldern und an Feldrandstreifen entlang, bis wir schließlich einen Wald betreten, den wir ebenfalls geradeaus durchqueren. In den breiten Schotterweg biegen wir nach links ab.

Dort wo der Schotter endet, nehmen wir an der Gabelung den rechten Weg. Am Waldrand leitet uns der Weg in einem Bogen nach rechts an der Orphal-Quelle vorbei. Rechts des Baches wandern wir schließlich weiter. An der Kreuzung folgen wir dem Schild, das nach links Richtung Tiefthal zurückweist. Wenn die Grundmühle geöffnet ist, kann man hier geradeaus zum Gasthaus gehen, ansonsten gehen wir nach links und kommen an dem Platz vorbei, an dem einst das Orphaler Kloster

stand. Immer am Bach entlang erreichen wir eine Kreuzung mit Wanderschildern. An dieser und auch an der nächsten Gabelung ist es aber egal, welchen Weg wir wählen, weil sich beide bald wieder treffen und zurück nach Tiefthal führen.

WEGERLEBNISSE

AS: *Manchmal entpuppt sich ein Weg als ganz anders als erwartet. So wie hier von Tiefthal entlang des Weißbaches in Richtung Schwellenburg. Obwohl der Feldweg nicht besonders ist, sind es seine Randerscheinungen umso mehr: Die sommerlichen Blumen locken verschiedene Schmetterlinge an, und diese umflattern uns in ihren farbigen Flügelkleidern. Als Krafttier steht der Schmetterling immer für*

Auf dem Rücken der Schwellenburg (links); Die Lämmer halten zusammen (oben);
Fast wie auf dem Rücken eines Drachens (unten)

Transformation. Er entwickelt sich weiter – und das nicht von einem Tag auf den anderen, sondern langsam: Er zieht sich zurück, nimmt sich Zeit und verwandelt sich. In Stille und Dunkelheit legt er seine Raupengestalt ab und erscheint als geflügeltes, bezauberndes Wesen. Wir Menschen hingegen haben es immer eilig mit der Verwandlung, ungeduldig wollen wir, dass sich alles schnell verändert. Aber alles im Leben braucht seine Zeit.

NH: Badlands nennt man in der Geowissenschaft das Phänomen, das sich beim Aufstieg auf die Schwellenburg zeigt: Der rostrote Tonboden ist komplett befreit von jeglichem fruchtbaren Humus. Aber was heißt schon schlechtes Land, wenn es Pflanzen und Tiere gibt, die genau diesen Lebensraum brauchen, um

zu existieren? Was dem einen Wesen Leben spendet, kann für das andere tödlich sein.
Ich steige zunächst auf den höchsten Punkt des Hügels und genieße den Blick auf die Fülle von Pflanzen, für die dieser karge Boden offenbar das Paradies ist, und begebe mich dann auf den Platz vor den Höhlen, die zum Teil durch Auswaschungen und zum Teil durch den Gipsabbau entstanden sind.

AS: *Es gibt mehrere von diesen Gipskeuperhügeln rund um Erfurt, doch die Schwellenburg ist der markanteste. Hier soll ein riesiger See gewesen sein, und nach dessen Abfließen blieben die Gips- und Muschelkalkberge der Region stehen. Fast ist es, als ob man auf dem Rücken eines Drachen wandern würde und die Wärme, die*

Ein Ort für ein Ritual

durch das Gipsgestein entsteht, macht alles trocken und steppenartig. Immer schon wurden hier Ziegen- und Schafherden zum Weiden hergebracht. Auch heute stehen Schafe am Wegesrand und drücken sich eng aneinander, nur vereinzelte Außenseiter liegen abseits der Herde. Die Gemeinschaft schützt vor der Hitze, die Wolle wärmt in diesem Fall nicht, sondern kühlt. Es ist, als ob man nach Griechenland versetzt wäre, alles fühlt sich mediterran und nach Süden an. Und diese südliche Wärme hat es immer schon ermöglicht, auf diesem Hügel Obst und Wein anzubauen. In Sichtweite der Schwellenburg, auf dem Roten Berg bei Erfurt-Gispersleben, haben Arbeiter beim Bau der Autobahn 2001 einen beeindruckenden Fund gemacht: Neben einem Friedhof mit 76 Gräbern und zwei Fürstengräbern aus der Thüringer Zeit

zwischen dem 5. und 7. Jahrhundert nach Christus wurden zwei Töpferöfen aus der Zeit um 3000 vor Christus gefunden. Aber die wirklich erstaunlichste Entdeckung gelang ein Jahr später: Häuser einer Siedlung aus der Zeit um 6000 vor Christus, also 8.000 Jahre vor unserer Zeit, wurden in jahrelanger Kleinstarbeit ausgegraben: Architektonische Zeugnisse aus einer Epoche, in der in Mitteleuropa gerade der Wechsel vom nomadischen Leben der Jäger und Sammler zum Bauern erfolgte, wahrscheinlich ausgelöst durch Völker aus dem orientalischen Raum, die ihr Wissen in Ackerbau und Viehzucht nach Europa brachten.

NH: Es ist tatsächlich wie eine Reise zwischen den Welten: Der Abstand zwischen der mediterranen Pflanzenwelt und dem thüringischen Getrei-

Blick zur Tiefthaler Kirche (oben); Entlang der üppigen Felder (unten); Ein Grabmal neben der Kirche (rechts)

defeld ist nicht größer als ein paar Meter. Am Rand des Ortes bewegen wir uns nun in die andere Richtung. Der Kirchhof der Tiefthaler Peter- und-Paul-Kirche lockt uns mit seiner Ruhe und seinem Schatten, und wir setzen uns auf eine Bank. Vielleicht klingt das nach einem unvereinbaren Gegensatz: Aber für mich sind Fried- höfe oft ganz besonders lebensspen- dende Orte, und so empfinde ich auch hier eine tiefe Zufriedenheit.

AS: *Bald gibt es wieder einen Über- gang, der deutlich spürbar ist. Von den üppigen Feldern und Obstplanta- gen geht es hinein in den Wald – vom Lichtvollen in die schützende und dunkle Verwurzeltheit des Waldes. Und dieses Gefühl des Urigen und Verwun- schenen bleibt bestehen, vorbei an der Quelle zum Flurstück, das sich heute*

„Orphaler Kirche" nennt. Das Kloster Orphal besteht schon lange nicht mehr, nur ein einsames Holzkreuz zeugt noch von seiner Existenz. Aber seine Geister sollen immer noch zu sehen, der Klang der Glocke noch zu hören sein: im lei- sen Gedenken an die im Dreißigjähri- gen Krieg ermordeten Mönche und das zerfallene Kloster.

NH: Es gibt eine Sage, die das Ver- schwinden des Klosters erklärt: Da- nach haben sich die Mönche vom Teufel verführen lassen und sich und ihr Kloster verwettet. Manch- mal kann man sie des Nachts immer noch hören wie sie klagen und jam- mern. Auch wenn ich die Wiese mit dem Kreuz, das den früheren wahr- scheinlichen Standort des Klosters markiert, als sehr friedlich empfinde: Als wir durch den Grund zurück

Weiden in den Wiesen (links); Das Kreuz markiert das ehemalige Kloster Orphal (rechts)

nach Tiefthal wandern, bin ich nicht traurig darüber, dass zwischen uns und dem geheimnisvollen und undurchdringlichen Wald der Bach plätschert.

AS: *Entlang des Weißbachs führt unser Weg durch den fast sumpfigen Wald. Immer wieder denken wir daran, was wohl wäre, wenn sich dieser Bach in einen reißenden Fluss verwandeln würde und alles mit sich nähme. Gerade erst waren in vielen Teilen Deutschlands folgenschwere Überschwemmungen und das Thema der Umweltproblematik und Klimaveränderung beschäftigt uns. Immer wieder überlegen wir, was wir persönlich beitragen können, um die Situation zu verbessern. Der Weg von der Schwellenburg zum Orphalgrund zeigt uns beide Extreme: totale Trockenheit und einen kleinen Fluss,*

der sich jederzeit zu einem reißenden Strom entwickeln kann, wie er es 1956 das letzte Mal getan hat.
Der Mensch und die Natur brauchen die Mitte, um überleben zu können: Feuchtigkeit und Trockenheit sollen sich abwechseln. Der Ausgleich, die Harmonie zwischen den Gegensätzen, im Innen und im Außen, ist erstrebenswert: „In die eigene Mitte finden", sagt man so schön, wenn man sich wieder ausrichten und auf den richtigen Weg bringen möchte. Und vielleicht kann diese Wanderung zwischen der lichten, steppenartig erhöhten Schwellenburg und der mystisch sumpfigen bewaldeten Orphaler Kirche helfen, diese Mitte in uns zu finden und uns wieder neu auszurichten.

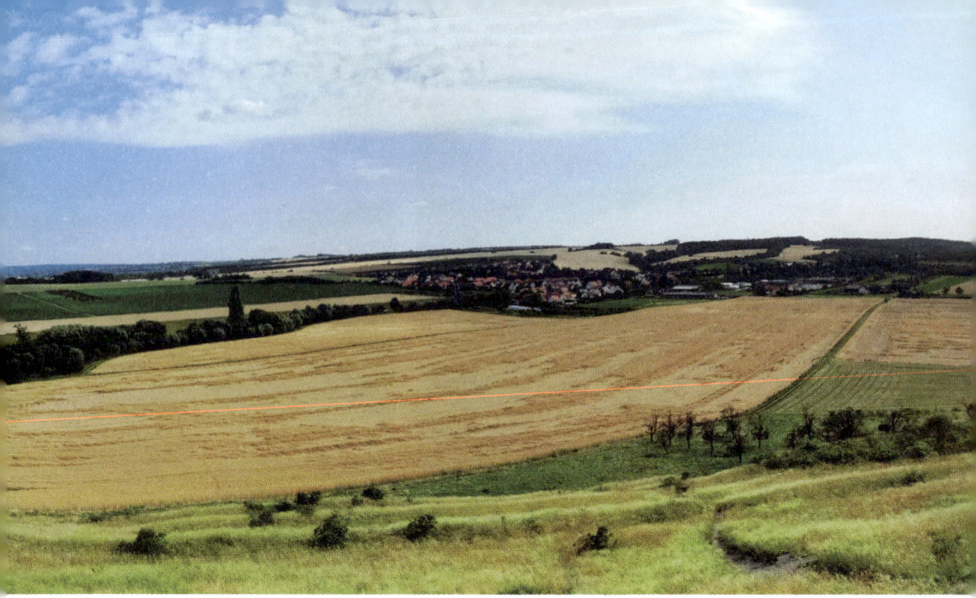

Blick von der Schwellenburg nach Tiefthal

TEXT: INDIANISCHE WEISHEITEN

„Ich bin das Land. Meine Augen sind der Himmel. Meine Glieder sind die Bäume. Ich bin der Fels, die Wassertiefe. Ich bin nicht hier, um die Natur zu beherrschen oder sie auszunutzen. Ich bin selbst Natur."

„Die Menschheit hat das Erdennetz nicht gewoben. Wir sind nur ein Faden in ihm. Doch alles was wir diesem Netz tun, tun wir uns selbst. Alles ist miteinander verwoben. Alles verbunden."

ANREGUNG: UMWELTSCHUTZ

Was wir für die Umwelt tun, tun wir schließlich für uns und unsere Kindeskinder. Überlege dir, welchen Beitrag du leisten möchtest. Einige Anregungen:

- Alles wieder mit nach Hause oder zum nächsten Mülleimer nehmen.
- Keine Äste abreißen oder Blumen und Pflanzen achtlos zertreten oder ausreißen.
- Mit der Natur in Kommunikation treten, die Tiere als lebende Wesen betrachten, die auch Schmerz empfinden können. Pflanzen sorgsam behandeln. Die Natur als das Wunder sehen, das sie ist.
- Sparsamer mit Plastik umgehen. Alles, was geht, recyceln. Müll trennen.
- Einmal im Monat mit Kindern in den Wald gehen und Müll aufsammeln. Das kann auch Spaß machen, und die Pflanzen und vor allem die Tiere werden sich besonders darüber freuen.

RITUAL: DREI DER MITTE

Auf dem Weg der Mitte kannst du gleich drei Rituale machen: eines auf dem Höhenzug, eines in der Tiefe des Orphalgrunds und eines im Flusstal. Die gute Fee kommt zu dir und bietet dir drei Wünsche an. Welche drei sind es für dich? Schreibe sie auf einen Zettel. Mindestens einer sollte nicht von materiellem Wert sein. Nimm den Zettel mit auf die Wanderung und lies ihn bei den Höhlen auf der Schwellenburg laut vor – schick deine Wünsche in den Himmel!

Am Friedhof in Tiefthal setzt du dich auf eine Bank und überlegst dir drei Umstände, für die du in deinem Leben dankbar bist. Schreibe sie auf einen Zettel und wandere weiter bis zum Orphalgrund. Dort stellst

du dich in die Nähe des ehemaligen Klosters und liest deine drei Gründe laut vor. Zum Dank legst du einen Stein an dem Kreuz ab.

Danach setzt du dich und überlegst dir drei Eigenschaften oder alte Muster, die du loslassen möchtest: Auf einer der Brücken über den Weißbach stellst du dich hin und sprichst sie laut aus und übergibst sie so energetisch dem Wasser. Zuhause angekommen, kannst du die drei Zettel aufheben, vergraben oder verbrennen.

Am Weißbach

An der Severi Kirche

9

DER WEG DER STADTNATUR —

durch die Landeshauptstadt Erfurt

Warum führen wir eine Wanderung durch eine große Stadt wie Erfurt? Diese Frage ist berechtigt, aber auch schnell beantwortet: Zum einen steht in Erfurt der heilige Berg immer schon im Zentrum. Seit frühesten Zeiten war er Teil der Siedlungsgeschichte Thüringens: Und so wie es scheint hat sich die Hauptstadt um ihn herum entwickelt. Zum anderen suchen wir nach der Naturerfahrung inmitten einer Stadt. Wir sind begeistert: Erfurt ist eine Mischung aus einmaliger Historie und berauschender Natur.

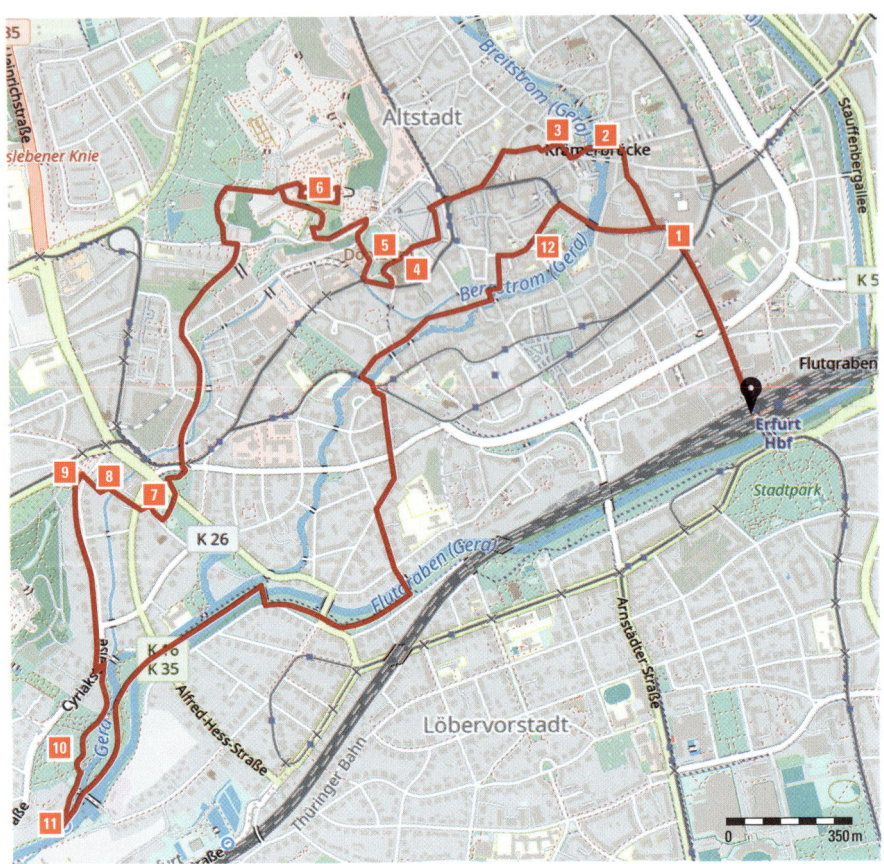

Start/Ziel: Anger, 99084 Erfurt
Länge: 9 Kilometer
Gehzeit: 2:30 Stunden
Aufstieg/Abstieg: 112 Meter

1. Sankt Lorenz
2. Krämerbrücke
3. Alte Synagoge
4. Marien-Dom
5. Sankt Severi
6. Zitadelle
7. Drehstein und Summstein
8. Alter Jüdischer Friedhof
9. Sibyllen-Türmchen
10. Botanisch-Dendrologischer Garten
11. Drei-Quellen-Brunnen
12. Predigerkirche

WEGBESCHREIBUNG

Diese Stadtwanderung beginnen wir am Erfurter Hauptbahnhof. Über die Bahnhofstraße erreichen wir den Anger, an dem wir geradeaus auf die kleine Kirche zugehen. Dahinter wenden wir uns nach rechts in die „Pilse". Es ist möglich, über den kleinen Kirchhof der Lorenzkirche zu gehen, in der die Friedensgebete ihren Anfang nahmen.

Am Wenigemarkt beginnt am gegenüberliegenden Ende direkt unter

Der Markt auf dem Domplatz (links); Eine mächtige Linde steht zwischen den beiden Kirchen am Domberg (oben); Rosenpracht entlang des Weges im Villenviertel (unten)

dem Kirchturm die berühmte Krämergasse. An deren Ende biegen wir zunächst rechts und dann gleich links ab. An der Alten Synagoge vorbei führt uns die Waagegasse bis zur nächsten Kreuzung, an der wir uns nach links zur Allerheiligenkirche wenden. Von dort geht es rechts zum Domplatz. Eine Treppe führt hinauf auf den Domberg auf die beiden Kirchen zu.

Hinter dem Dom führt eine weitere Treppe wieder hinunter, und wir gehen rechts um den Mariengarten herum. Auf der anderen Seite des Domberges führt uns die Petrinistraße hinauf zur Zitadelle auf dem Petersberg.

Nach dem Besuch geht es an der neuen Wache geradeaus auf der Zufahrtsstraße bergab, bis wir nach dem ersten Gebäude den Fußweg nach links

nehmen. Hinter der kleinen Grünanlage wenden wir uns wieder nach links und biegen in die erste Straße nach rechts ab. Unten gehen wir geradeaus in die Bonemilchstraße.

Die breite Straße und die Straßenbahnschienen überqueren wir, gehen geradeaus durch die Parkanlage Tettaustraße, überqueren die nächste Straße und behalten die Richtung bei, auf die Kirche zu. Vor dem Spielplatz wenden wir uns nach rechts. Die beiden Steine, auf die wir nun zugehen, sind sogenannte „Sinnespunkte" und laden zu kleinen Experimenten ein. Auf der Straße wenden wir uns nach rechts und gehen jenseits der Querstraße geradeaus über den Fußgängerweg, der uns am Alten Jüdischen Friedhof entlang zur Cyriakstraße führt, in die wir nach links abbiegen. Gegenüber befindet sich hier das Si-

Eindrücke entlang der Gera

byllentürmchen und der Eingang
zum Gelände des „egaparks".

Wir verlassen die Cyriakstraße erst
nach etwa 200 Metern, nachdem
nach links die Durchgangsstraße
abgebogen ist. Dort führt uns eine
Treppe hinunter an den Bach, und
wir nehmen vor der Brücke den Weg
nach rechts. Im Botanischen und
Dendrologischen Garten sind verschiedene Wegvarianten möglich; für
die weitere Route kann man sich am
rechten Ufer des Walkstroms orientieren. Am Wehr gehen wir noch ein
Stück weiter bis zum Drei-Quellen-
Brunnen.

Der Brunnen ist der Wendepunkt
unserer Wanderung. Wir gehen zurück zum Wehr und dann links der
Gera in Richtung Innenstadt. Über
die Querstraße hinweg wandern wir
geradeaus durch die Lindenallee.

Kurz vor der nächsten Straße wechseln wir über die Brücke auf die rech-
te Flussseite.

Nachdem wir die Pförtchenstraße
überquert haben, nehmen wir die
darauffolgende Brücke und gehen
geradeaus in die Wilhelm-Külz-Stra-
ße. (Variante: Wer auf schnellerem
Wege zum Bahnhof zurück möchte,
bleibt einfach rechts des Flusses.)

Wir biegen nach rechts in den Dal-
bergsweg ab und gehen an der Alten
Oper vorbei über die Theaterstraße
bis zur Kreuzung. Diese überqueren wir geradeaus und biegen gleich
hinter der Stadtmauer rechts ab und
lassen uns vom Kanal weiterleiten.
An der Langen Brücke wenden wir
uns kurz nach links, um noch vor der
nächsten Brücke nach rechts durch
die Toreinfahrt und über eine versteckte Brücke in die Nonnengasse

An der Predigerkirche (oben);
Ein Tagpfauenauge labt sich am Sommerflieder (unten)

zu wandern. Am deren Ende geht es rechts zur Predigerkirche und an dieser links vorbei bis zur Kreuzung. Noch einmal rechts abgebogen erreichen wir wieder den Anger, wo sich diese Runde schließt.

WEGERLEBNISSE

AS: *Es ist nicht das klassische Sightseeing, das uns zu dieser Erfurt-Wanderung inspiriert. Vielmehr lassen wir uns auf ein Experiment ein: Wie viel Natur finden wir in der Stadt? Ist Natur mehr als ein naturbelassener Wald oder ein karger Berg? Das erste Beispiel finden wir in dem beschaulichen Garten um die Lorenzkirche: Eine Linde, eine Robinie und eine Rosskastanie spenden Schatten und machen den Vorplatz grün und gemütlich.*

NH: Zentral in der Nähe des großen Anger-Platzes gelegen, war die Lorenzkirche schon seit 1978 Ort eines ökumenischen Friedensgebetes und zur Wendezeit ein Kristallisationspunkt der Friedlichen Revolution. Der von einer Mauer umgebene Kirchhof ist ein Ort der Ruhe. Und lenkt meine ganze Aufmerksamkeit auf einen Schmetterling. Ein wunderschönes, makelloses Tagpfauenauge hat sich auf einem blühenden Flieder niedergelassen und labt sich an dessen Nektar. Auch ihm scheint der Platz neben der Kirche so gut zu gefallen, dass er sich von meiner Nähe nicht irritieren und bewundern lässt.

Ich erkenne die Farben des bunten Schmetterlings und das Lila und Grün des Flieders nur ein paar Meter später wieder: In den bunten Häusern und der fröhlich-farbigen Auslage der Geschäfte auf der Krämerbrücke zeigt sich ebenfalls das ganze Farbspektrum.

AS: *Die moderne Großstadtplanung versucht, so viele Grünflächen wie möglich zu schaffen. Pflanzen auf Dachgärten, in Parks und Grünanlagen verbessern die Luft und das Klima in den großen Städten der Welt. Ge-*

Erfurter Stadtansichten

meinschaftsgärten und Stadtfarmen sind in New York bereits Wirklichkeit. Und auch bei uns pflanzen Menschen ihre Kräuter und Blumen in die Gemeinschaftsflächen der Stadt. Welch gute Idee! Auch auf dem Anger in Erfurt kommen wir an großen Hochbeeten vorbei. Vor allem der strahlende Sonnenhut, die Echinacea, sticht hervor. Ich kenne ihn als besonderes Mittel zur Immunstärkung in der Winterzeit. Das heute viel zitierte Shinrin Yoku – das Waldbaden – wurde in Japan zu einem Studienzweig gemacht, weil die Regierung fördern wollte, dass sich die Menschen in den Millionenstädten wieder mehr in der Natur bewegen. Dafür schien es nötig, die heilende Wirkung der Natur mit wissenschaftlichen Zahlen belegen zu können. Nun ist es erwiesen: Der Aufenthalt in der Natur macht gesünder, senkt den Blut-

druck, stärkt das Immunsystem und – das ist vielleicht das wichtigste – regt den Parasympathikus an, so dass wir uns weniger gestresst und allgemein rundherum wohlfühlen. Präventive Maßnahme also: ab in die Natur, auch in der Stadt!

NH: Unter dem Domberg angekommen, wandern wir zwischen den Marktständen auf die Treppe zu. Obst, Gemüse, Blumen: Die Erträge der Natur und der Arbeit des Menschen beglücken uns mit ihren Düften und ihren Farben. Selbst, wenn wir sie nicht gleich kaufen und uns unterwegs davon nähren und stärken lassen. Denn wir schauen nach oben. Der Domberg zieht uns magisch an.

AS: Diese beiden Berge mitten in der Stadt, der Domberg mit seinen zwei

Überall zeigt sich die Stadtnatur

Kirchen und der Petersberg mit Zitadelle und ehemaligem Kloster, lenken
unsere ganze Aufmerksamkeit von der
Natur auf die historischen Gebäude.
Das Arrangement aus Erfurter Dom,
der ältesten Kirche der Stadt, und Se-
verikirche, die auch Marienkirche genannt wird, bildet das Wahrzeichen
von Erfurt. Und gegenüber erhebt sich
der Petersberg mit seiner wehrhaften
Zitadelle und dem ehemaligen Peters-
kloster mit der ehemals größten roma-
nischen Kirche Thüringens.

„Ganz früher war hier sicher ein heidnischer Kultplatz“, erzählt uns eine
Archäologin, die am Petersberg neben
einer Ausgrabungsstelle sitzt. „Die
Funde in dieser Region gehen zurück
bis in die Steinzeit. Besiedelt waren
die fruchtbaren Regionen in Thüringen
schon vor vielen Tausenden von Jahren.
Aber am Petersberg haben wir leider

keine Zeugnisse mehr davon, weil für
den Bau des Klosters, der ursprüngliche Berg abgetragen und eingeebnet
wurde.“ Wir sind fasziniert von der
Kleinstarbeit, bei der wir ihren Kol-
legen beobachten können. Langsam
trägt er die Erde ab und kippt immer
nur ganz wenig davon in einen Eimer,
jede Scherbe könnte einen Hinweis geben. „Das zweite Mal wurde der Berg
verändert, als die Zitadelle gebaut
wurde“, erzählt sie weiter. „Von den
heidnischen Kultstätten ist also alles
verloren gegangen.“

Der heilige Berg lässt uns nicht los. Der
Ausblick auf die Stadt und den Domberg sind überwältigend, und nur wi-
derstrebend machen wir uns auf den
Weg wieder hinunter. Nun wandern
wir nicht an der der Stadt zugewand-
ten Seite, die sich grün mit Kräutern,
Wiesenblumen und Wein präsentiert,

Der Blick zum Dom über das Grün

Skulptur von Volkmar Kühn (oben); Im jüdischen Friedhof (unten); Die Wiesen blühen unter der Zitadelle (rechts)

sondern an der Westseite, an der wir die Mauern der Zitadelle bewundern und so auch das Ausmaß und die Höhe des ehemaligen Berges erahnen können.

NH: Immer wieder wandern wir durch kleine Parks oder Grünanlagen, wie auch an der Tettaustraße. Zwei große Steine warten hier auf uns, anhand derer wir besondere Sinneserfahrungen machen können. Im Summstein die eigene Stimme zu erfahren, den eigenen Ton zu finden, bis der Kopf, die Lippen, das Gesicht vibrieren und der Stein gleich mit – es fühlt sich an, als gäbe es in dieser Schwingung kein Innen und Außen mehr, als wären der Stein und ich verbunden, eins. Der Drehstein lässt auf beeindruckende Weise erkennen, wie stark wir sind, wenn wir unser Potenzial maßvoll einsetzen.

„Haus des Lebens" nennen Juden die Orte, an denen sie ihre Toten bestatten. Dabei gilt ihnen die ewige Totenruhe als unantastbar. Vor der Cyriakstraße erreichen wir den Alten Friedhof, der nicht nur unter den Nationalsozialisten mehr als einmal angetastet wurde. Ausgerechnet hier zeigt sich vor dem teilweise wiederhergestellten Gelände eine üppige und von vielen verschiedenen Arten belebte Blumen- und Kräuterwiese über einem kleinen Bach.

AS: *Nikola hat mir auf einer unserer Wanderungen einmal erzählt, dass es ein jüdisches Zeichen des Gedenkens ist, dass man einen Stein auf das Grab legt. Und auch hier auf dem kleinen jüdischen Friedhof sehe ich einen einzelnen kleinen Stein auf einem großen Grabstein liegen. Ein schönes Zeichen, finde*

Jüdisches Ritual – einen Stein mit zum Grab bringen (oben); Der Frauenmantel und andere Kräuter am Weg (unten); Am Drei-Quellen-Brunnen (rechts)

ich, die ich Steine so liebe und bei jeder Wanderung einen oder mehrere mitnehme. Was man hier auch sammeln könnte, wären die vielen Kräuter: Mir fällt vor allem der Frauenmantel auf, die Heilpflanze wächst hier üppig und dicht. Was für ein Segen, wenn auch in der Stadt die Heilkräuter wachsen dürfen – ein Lob an die Stadtgärtner, die nicht nur auf Schönheit, sondern auch auf Pflanzen setzen, die mit ihrer Energie heilen können. Die Waldbaden-Forschung beweist, dass wir Pflanzen gar nicht berühren müssen – allein ihre Anwesenheit im Zimmer oder der Blick auf das heilende Grün trägt zur Gesundung des Menschen bei.

NH: An manchen Stellen mag das historische Erfurt mit seinen engen Gassen gar nicht sehr viel Platz für große Pflanzen lassen. Aber das Was-ser ist überall, es plätschert, es kühlt, es vitalisiert – und sogar trinken kann man es direkt aus der Quelle. Der Drei-Quellen-Brunnen, am Rand des Luisenparks direkt an der Gera gelegen, ist als Gesundbrunnen bekannt. Aus den Tiefen der Erde gelangt hier salz- und mineralreiches Wasser durch das poröse Muschelkalkgestein an die Oberfläche. Ermutigt von einem Spruch auf der Tafel fülle ich meine Flasche mit dem wohltuenden Wasser und setze beherzt zum Trinken an – und muss gestehen, dass ich den Inhalt anschließend zurückgeschüttet habe. Trotzdem: Viele Erfurter schwören auf dieses Geschenk der Natur!

An der Gera und den Kanälen entlang wandern wir zurück, immer das Wasser in unserer Nähe. Es gibt noch einen bemerkenswerten Unterschied

„Die Bischöfe" schauen hinüber zum Dom   Kunst entlang des Weges an der Gera

zwischen dem Wandern in der Stadt und dem in der sogenannten Natur: In der Stadt wandert niemand alleine: Die Menschen schieben Kinderwägen und Rollstühle, lassen ihre Hunde laufen, sitzen lesend oder schwatzend auf den Bänken und Wiesen, schlendern, hetzen, grüßen. Sie alle, so hat es Meister Eckhart einst geschrieben, sind wie jede Kreatur ein „Fußstapfen Gottes".

AS: *Am Schluss unserer Wanderung begegnen wir diesem besonderen Mann aus Thüringen: dem Mystiker, Philosophen und Theologen Meister Eckhart. 1260 im Landkreis Gotha geboren, ist er 1275 in Erfurt dem Dominikanerorden beigetreten, wo er seine umfassende Ausbildung erhielt. Er gilt als einer der wichtigsten Mystiker und Theologen seiner Zeit, hat sogar an der Universität in Paris gelehrt. Dass er sich am Ende seines Lebens für seine Theorien und Lehren vor Gericht rechtfertigen musste – und wahrscheinlich in dieser Zeit in Avignon verstarb – konnte nicht verhindern, dass seine Gedanken auch heute noch von Bestand sind und Wichtigkeit haben. Und so schließen wir mit seinen Worten, die wir an der Predigerkirche lesen können: „Soweit du in Frieden bist, soweit bist du in Gott." „Der Mensch ist der beste, der das entbehren kann, was ihm nicht nottut."*

TEXT: ZITATE VON MEISTER ECKHART

„Soweit du in Frieden bist, soweit bist du in Gott."
„Lerne mitten im Wirken innerlich ungebunden zu sein."

Weinstöcke am Petersberg (links); Beinwell am Weg beim jüdischen Friedhof (rechts); Zitate von Meister Eckhart vor der Predigerkirche (unten)

„Je freier wir von uns selbst sind, umso mehr gewinnen wir uns."
„Nimm dich selber wahr, und wo du dich findest, da lass dich."
„Man kann Gott nicht besser finden als dort, wo man ihn lässt."
„Bist du gerecht, so sind auch deine Werke gerecht."

RITUAL:
ZITAT AUF DEN WEG MITNEHMEN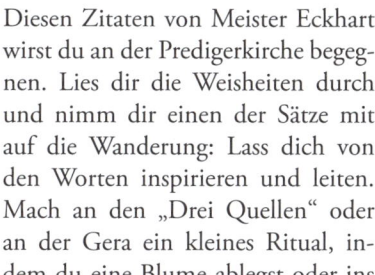

Diesen Zitaten von Meister Eckhart wirst du an der Predigerkirche begegnen. Lies dir die Weisheiten durch und nimm dir einen der Sätze mit auf die Wanderung: Lass dich von den Worten inspirieren und leiten. Mach an den „Drei Quellen" oder an der Gera ein kleines Ritual, indem du eine Blume ablegst oder ins Wasser wirfst. Dabei sprichst du das Zitat, das du dir ausgewählt hast, laut aus.

ANREGUNG:
NATUR IN DER STADT SPÜREN

Mach es uns nach und versuche zu erspüren, wie es sich anfühlt eine Wanderung durch die Stadt zu machen: Was ist anders? Fühlt es sich besser, gleich oder schlechter an, als in der Natur zu wandern? Kannst du die Natur auch in der Stadt finden? Fühlt sie sich anders an? Wie empfindest du die Menschen und die Ablenkungen in der Stadt: Sind sie dir willkommen oder hindern sie dich an der Naturerfahrung? Kannst du dir vorstellen, öfter eine Waldbaden-Wanderung in der Stadt zu unternehmen?

Das Schloss Belvedere

10

Der Weg der Gebeine —

von Weimar nach Schloss Belvedere

Am Friedhof, dort wo die Erinnerungen an geliebte Menschen zelebriert werden, dort wo die Vergänglichkeit sichtbar wird, dort starten wir unsere Runde. Die Fragen danach, was von uns bleiben wird und ob Kunst ein Versuch ist, sich selbst unsterblich zu machen, beschäftigen uns auf unserem Weg. Es ist eine Wanderung in die Zeit der Weimarer Klassik, genauso wie in die Urzeiten der Neandertaler. Im barocken Lust- und Jagdschloss Belvedere beglücken uns ganz reale junge Menschen mit ihrer Musik und die Stadt Weimar bezaubert uns mit ihren üppigen Park- und Grünflächen.

Start/Ziel: Haupteingang Historischer
Friedhof, 99425 Weimar
Länge: 13,5 Kilometer
Gehzeit: 3:30 Stunden
Aufstieg/Abstieg: 173 Meter

1	Fürstengruft	**5**	Schloss Belvedere
2	Schneckenberg	**6**	Archäologische Fundstätte
3	Mooshütte	**7**	Beatea Mariae Virginis
4	Orangerie	**8**	Römisches Haus

Die russisch-orthodoxe Kirche auf dem Alten Friedhof (links); Das Grabmal der Charlotte von Stein (Mitte);
Die Zeichen des Gedenkens (rechts)

WEGBESCHREIBUNG

Wir beginnen diese Wanderung am Haupteingang des Historischen Friedhofs und gehen auf die Fürstengruft zu. An der zweiten Abzweigung rechts finden wir das Grab der Charlotte von Stein. An dem Gebäude der Fürstengruft, in der Goethe und angeblich Schiller begraben liegen, gehen wir rechts vorbei und weiter über den Friedhof, bis wir durch eine Art Tor treten, hinter dem nach links ein Parkplatz ausgeschildert ist.

Auf der Straße wenden wir uns nach rechts und erreichen rechter Hand den großen Parkplatz. Gegenüber nehmen wir die kleine Treppe, wenden uns dahinter nach rechts und an der Querstraße nach links. In die Rainer-Maria-Rilke-Straße biegen wir nach rechts ab.

Wir befinden uns nun auf dem mit einem G gekennzeichneten Goetheweg. Diesem folgen wir auch dort geradeaus, wo die Straße nach rechts weiterführt. Auf dem Bergweg wandern wir, bis der Asphalt endet. Auch dort gehen wir geradeaus weiter.

Von der nächsten Kreuzung aus ist links bereits das Schloss Belvedere erkennbar. Wir folgen dem Goethe-Erlebnisweg geradeaus und gelangen so an eine kleine Straße, der wir wieder geradeaus unter der Autobahn hindurch bis zur Taubacher Straße in Vollersroda folgen. Dort biegen wir auf dem Drei-Türme-Weg nach links ab, gehen aus dem Ort heraus und wieder auf die Autobahn zu. Dahinter biegen wir nach links ab, parallel zur Schnellstraße. Die nächste Abzweigung nehmen wir nach rechts und folgen dem Drei-Türme-Weg

Die Mooshütte im Schlosspark

auch dort nach rechts, wo wir auf einen breiten Fahrweg treffen. Nach einer hölzernen Brücke nehmen wir den ersten Weg nach links in den Park.

Vor der nächsten Brücke steht rechts eine außergewöhnlich hohe Thuje. Dahinter gehen wir rechts hinauf und dann wieder auf dem Drei-Türme-Weg links. Wir erreichen die nächste Brücke und wenden uns dahinter nach rechts. Eine kleine Treppe führt uns nach links zur Mooshütte, und davor wandern wir rechts weiter. Noch einmal biegen wir links und gleich wieder rechts ab und gehen über die Kreuzung geradeaus hinauf, links von einem Gartenzaun. Rechts befinden sich nun der Schlosspark und das riesige Gewächshaus. Wir gehen links um das Gebäude herum, erreichen den Orangerieplatz und

nach links Schloss Belvedere. Vor der Fontäne und noch einmal vor dem kleinen See wenden wir uns nach rechts.

Nun gehen wir nach links auf den kleinen Turm zu und direkt dahinter nach rechts über das Feld. Schließlich erreichen wir ein Fabrikgebäude, vor dem es nach links auf dem Fußgängerweg zur Fundstelle der Neandertaler von Ehringsdorf geht.

Bevor wir nach dem Besuch der Fundstätte die Kreuzung geradeaus überqueren, machen wir nach rechts einen kleinen Abstecher zum Kräutergarten der evangelischen Marienkirche.

Immer geradeaus gelangen wir schließlich an die Belvederer Allee. Rechts von uns befindet sich ein Spielplatz und an diesem gehen wir links vorbei, überqueren die Straße und gehen schräg links gegenüber weiter. An der Brücke über die Ilm wandern wir nach links, um dann nach rechts in den Park einzubiegen. An der Gabelung nehmen wir den rechten, den unteren Weg bis zum römischen Haus. Dort steigen wir die Stufen bis zur mittleren Ebene hinauf und wenden uns nach rechts, bis wir den breiten asphaltierten Weg erreichen. Dort gehen wir rechts, bevor wir am Lisztdenkmal im spitzen

Winkel nach links abbiegen. Über die Fußgängerrampe erreichen wir die Bergstraße, der wir zurück zum Ausgangspunkt folgen.

WEGERLEBNISSE

NH: Es ist sicherlich kein gewöhnlicher Start, aber diese Runde beginnt auf einem Friedhof: auf dem Historischen Friedhof von Weimar. Hier liegen zahlreiche Dichter und Musiker, Schauspieler und andere Größen des Kulturbetriebs des ausgehenden 18. und beginnenden 19. Jahrhunderts begraben, darunter Goethes Muse Charlotte von Stein. In der Fürstengruft ruhen neben den Mitgliedern der Häuser Sachsen-Weimar und Sachsen-Weimar-Eisenach auch Johann Wolfgang von Goethe und

Friedrich Schiller. Zumindest ging man davon aus, bis 2008 eine DNA-Analyse ergab, dass bei der Überführung von Schillers Gebeinen vom älteren Jacobsfriedhof die falschen geborgen worden waren.

AS: *Eine fatale Verwechslung: Der echte Schiller wurde demnach auf dem Jacobsfriedhof bei Umbauarbeiten verloren. Ist mit seinen Knochen die Erinnerung an ihn vergangen? Nein, natürlich nicht! Wir leben in einer Zeit, in der Historiker mithilfe der modernen Gerichtsmedizin sogar frühzeitlichen Menschen wieder ein Gesicht geben können. Die Ehringsdorfer Frau, die in einem Travertinbergwerk bei Weimar geborgenen Knochenteile einer 20 bis 30 Jahre alten Neandertalerin, wurde plastisch rekonstruiert, und so kann man ihre Statue heute im*

Ein Reh im Schlosspark (links); Am Schneckenberg (oben); Der Jasmin hat einen berauschenden Duft (unten)

ur- und frühgeschichtlichen Museum in Weimar bewundern: Bekommt sie dadurch wieder eine Bedeutung, vielleicht sogar ein Andenken über 200.000 Jahre hinweg?

NH: Auf einem Friedhof stellt sich mehr als irgendwo sonst die Frage nach dem, was von einem Menschen bleibt. Bei Künstlerinnen und Künstlern ist sie schnell beantwortet: Die Musik, das Gedicht, das Bild, – das alles bleibt der Nachwelt erhalten. Aber das gilt nicht für Normalsterbliche – nicht einmal ihre Gräber werden üblicherweise in der christlichen Kultur so alt wie die der auf diesem Friedhof bestatteten. Als wir aus der Stadt herauswandern – auf der Straße, die auch nach einem Dichter benannt ist, nämlich nach Rainer Maria Rilke – unterhalten wir uns

darüber, inwieweit künstlerischer Ausdruck zum Menschen gehört und ob er der Sehnsucht nach Selbstausdruck entspringt oder dem Bedürfnis nach Überwindung der eigenen Endlichkeit und Begrenztheit – oder vielleicht sogar dem Versuch, sich dem Göttlichen zu nähern.

AS: *Die Autobahn – als Ausdruck des hochentwickelten Menschen – reißt uns aus unserer Beschaulichkeit: Lärm, Abgase, Asphalt. Gerne würden wir dieses Zeichen der Moderne ausblenden und uns weiterhin der Illusion von Kunst, Kultur und geformter Natur hingeben. Und es ist zum Glück nur ein kurzes Rendezvous, denn kurz darauf treten wir wieder in den dichten Wald und gehen entlang eines kleinen beschaulichen Baches.*
Ein Reh steht in der hohen Wiese und

Der Schlosspark ist naturbelassen im Stil der Englischen Landschaftarchitektur (links);
Am Springbrunnen neben der Mooshütte zeigt sich der Regenbogen (rechts)

betrachtet uns argwöhnisch: Wäre ich eine steinzeitliche Jägerin, wäre das meine Chance, mit segensreicher Beute nach Hause zu kommen. Und Zuhause hieße ein Rastplatz in der Natur, denn ich wäre eine Nomadin, würde mit meinen Jagdkollegen unserer Beute durch halb Europa folgen, so wie es die Urmenschen vor 200.000 Jahren nachweislich gemacht haben.

Über einen kleinen Hügel ist eine Spirale aus Steinen ausgelegt: In den Schneckenhäusern hat uns die Natur dieses Zeichen vorgegeben, und der Mensch hat es übernommen und in allen Kulturen in einen spirituell übergeordneten Zusammenhang gestellt. Ich gehe den spiralförmigen Weg entlang, bis in die schützende Mitte: Die Natur als Vorbild für Kunst.

Der Duft des blühenden Jasmins berauscht unsere Sinne, und wären wir nicht an das Mooshäuschen und den kleinen Springbrunnen gekommen, hätten wir kaum wahrgenommen, dass wir uns mittlerweile wieder in einer vom Menschen gestalteten Natur bewegen: Die Gestaltung der Englischen Landschaftsgärten rund um Weimar bietet eine perfekte Illusion. Sogar hier im ehemals barocken Schlossgarten wurde alles im Stil der künstlichen Natürlichkeit umgestaltet, und die geometrischen Formen der barocken Gartengestaltung sind fast gänzlich verschwunden.

NH: Auf Schloss Belvedere begegnet uns die Liebe zur Natur und zur Kunst gleichermaßen: Während wir noch durch den Garten vor der Orangerie spazieren, wo Herzog Carl August und Goethe ihrer gemeinsamen Lust an der Botanik nachgin-

Der Platz vor Schloss Belvedere

gen, erschallt aus der Nähe Musik. Es ist ein warmer Sommertag und die Schülerinnen und Schüler des Musikgymnasiums üben und brillieren bei geöffneten Fenstern: Flöten, Violinen, Hörner und Gesang. Es ist eine wilde Mischung aus unterschiedlichen Rhythmen, Stilen und Tonarten, und trotzdem lauschen wir andächtig und hocherfreut. Und sehr beeindruckt: Wie viel Konsequenz und Arbeit, wie viel Leidenschaft und Selbstvertrauen doch nötig sind, um dem eigenen Traum und der eigenen Bestimmung zu folgen! Eine der größten Förderinnen der Kunst und Kultur in Weimar war selbst Musikerin und Komponistin: die Herzogin Anna Amalia, die Mutter des Herzogs Carl August, der später so eng mit Goethe befreundet sein sollte. „In meinem 18. Jahre fing

die größte Epoche meines Lebens an: Ich wurde zum zweiten Mal Mutter, wurde Witwe, Obervormünderin und Regentin." Die junge Frau übernahm 1759 die Regierungsgeschäfte in dem durch Misswirtschaft und Prunksucht ihres Schwiegervaters verarmten Herzogtum Sachsen-Weimar-Eisenach. Sie gründete eine Frei- und eine Hebammenschule, um auch der ärmeren Bevölkerung Bildungschancen zu ermöglichen beziehungsweise die Mütter- und Kindersterblichkeit zu verringern. Und obwohl sie sehr sparsam wirtschaften musste, lagen ihr die Künste sehr am Herzen: Sie eröffnete die bis heute nach ihr benannte Bibliothek, förderte die Universität in Jena, holte Dichter und Theatergruppen nach Weimar. Und schließlich engagierte sie zur Erziehung ihrer Söhne den

Am Turm vorbei verlassen wir den Schlosspark

Philosophen und Dichter Christoph Martin Wieland an ihren Hof. Dem Autor des damals berühmtesten zeitgenössischen Romans „Geschichte des Agathon" folgten weitere namhafte Künstler und Philosophen ihrer Zeit: Goethe, Herder und Schiller. Bis zum Ende ihrer Regentschaft war das Herzogtum halbwegs schuldenfrei. Und das wichtigste deutschsprachige kulturelle Zentrum.

AS: *Schon unterhalb des Schlosses können wir die Fundstätte der Neandertaler von Ehringsdorf ausmachen. Vor 230.000 Jahren hat hier eine Jägergruppe aus Männern und Frauen einen Rastplatz angelegt: Steinwerkzeuge, Holzkohle, Tierknochen, Skelettteile wurden gefunden.*
Auf ihrem Speisezettel standen Waldelefanten, Waldnashörner, Rot- und Riesenhirsche, Wildschweine und Bären. Umgeben waren sie von Eichen, Eschen, Ulmen, Linden, Haselnuss, Kornelkirsche, Wildapfelbäumen und Johannisbeeren. Gar nicht so anders als heute, denke ich, und trotzdem ist diese menschliche Spezies, die hier gerastet und gejagt hat und sich vom Homo sapiens, dem „einsichtigen Menschen", vor allem durch die Kopfform unterscheidet, scheinbar vor 130.000 Jahren verschwunden. Die

heutige Wissenschaft glaubt, dass sich der Homo sapiens, der Jetztmensch, vor 200.000 Jahren beim Verlassen Afrikas mit den Neandertalern vermischt hat und deshalb sind bis heute zwei bis drei Prozent der Neandertaler-DNA in allen Menschen außerhalb von Afrika zu finden.
Ich trete vor die Travertin-Felswand, und eine solche Demut erfasst mich, dass ich mich hinknien möchte. Auch wenn ich weiß, dass diese Abbruchkante durch die Arbeit am Steinbruch entstanden ist, erscheint es mir, als wäre hier eine riesige steinzeitliche Gottheit in den Felsen gehauen.
Es überkommt mich ein Gefühl der Zeitlosigkeit: Genau an diesem Ort hat vor 230.000 Jahren eine Gruppe von acht Menschen gerastet. Genau wie wir haben sie hier gesessen und geredet. Und obwohl ich als Homo sapiens über

An der Ausgrabungsstelle (oben); Zeigt sich da ein Kopf im Travertinsteinbruch? (unten)

ein großes Gehirnvolumen verfüge, kann ich diese Dimensionen, Zahlen und Zusammenhänge mit meinem bloßen Verstand nicht erfassen.

An einem gewissen Punkt des Verstehens hat der Mensch seine Grenzen: Beginnt an diesem Punkt der Drang, sich über Kunst auszudrücken? Ist es der göttliche Funke in uns, der das „Große Ganze" zu verstehen scheint und dies durch Musik, Gesang, Tanz, Schnitzerei, Poesie, Malerei und Rhetorik zum Ausdruck bringen möchte? Oder ist es einfach eine Art von Kommunikation mit einem höheren Geist, einem göttlichen Wesen, mit dem Universum selbst? Oder will sich der Künstler einfach nur ein Denkmal setzen und dadurch seinem Leben einen Sinn geben?

Hatten die steinzeitlichen Jäger auch schon den Drang, sich durch Kunst auszudrücken oder war ihnen die Natur genug? Einige der Tierknochen, die hier gefunden wurden, weisen Ritzungen auf: Sind das Spuren einer ganz frühen Art von künstlerischem Ausdruck?

ANREGUNG: NATURBILD GESTALTEN

Die Frage um die Kunst und warum der Mensch künstlerisch tätig wird, begleitet uns auf unserem Weg. Wir bitten dich mit dieser Anregung auch künstlerisch tätig zu werden, und zwar in einer Form, wie du es vielleicht noch nie gemacht hast. Suche dir einen geeigneten Platz aus und nimm nur Materialien aus der Natur: Dann lege und „male" ein Bild auf den Boden. Entwirf etwas, das nur aus natürlichen Materialien be-

Blick zur Fundstelle der Neandertaler (links); Die Kirche Beatae Mariae Virginis, umgeben von einem Kräutergarten (rechts)

steht: Tannenzapfen, Moos, Blüten, Steine, leere Schneckenhäuser, Äste, Blätter … Deiner Phantasie sind keine Grenzen gesetzt. Du wirst sehen, wie viel Spaß es macht, ein hundertprozentig ökologisches Bild zu erschaffen. Eine Bitte: Keine Zweige, Pflanzen oder Blumen ausreißen, nimm wirklich nur das, was der Boden dir bietet und die Natur zur Verfügung stellt.

RITUAL: GEDENKEN

Am Travertinfelsen neben der Fundstelle der Neandertaler oder im alten Friedhof in Weimar – beides wären schöne Plätze, um ein Ritual zu feiern: ein Ritual der Vergänglichkeit und Erinnerung. Nimm während der Wanderung einen Stein aus der Natur mit. Überlege dir, warum er dir gefällt und warum es gerade dieser Stein sein soll: Form, Farbe, Größe können dir dabei helfen. Und dann denke an einen Menschen, der oder die dir schon vorausgegangen ist. Egal ob du diesen Menschen gekannt hast oder ob er oder sie ein Vorbild für dich ist, nimm jemanden, der oder die dich inspiriert hat. Dich vielleicht sogar zu deiner Lebensaufgabe geführt hat oder noch führen könnte. Suche einen geeigneten Ort, um den Stein in stillem Gedenken an diesen besonderen Menschen rituell abzulegen. Nimm dir Zeit und schreib dir danach auf, was du gefühlt hast und was der Mensch und seine oder ihre Inspiration für dich bedeuten.

Ein Ort der Inspiration – Goethes Gartenhaus im Weimarer Stadtpark

11

DER WEG DER SCHÖNEN KÜNSTE —

von Weimar nach Tiefurt

Ist Weimar mehr Stadt oder mehr Park? Die Illusion der englischen Landschaftsarchitektur ist hier perfekt umgesetzt. Auf unserem Weg wechseln wir ständig zwischen unterschiedlichen Arten der Natur und haben trotzdem nie das Gefühl, Weimar zu verlassen, genauso wenig wie wir das Gefühl haben, den Park zu verlassen. Wie wir die Natur erfahren, ist immer geprägt durch die Kultur, egal ob landwirtschaftlich genutzt oder zur Freude und Erbauung erschaffen. Gibt es die „unberührte Natur" überhaupt? Im Sinne Goethes machen wir uns auf zu einer philosophischen Naturerfahrung.

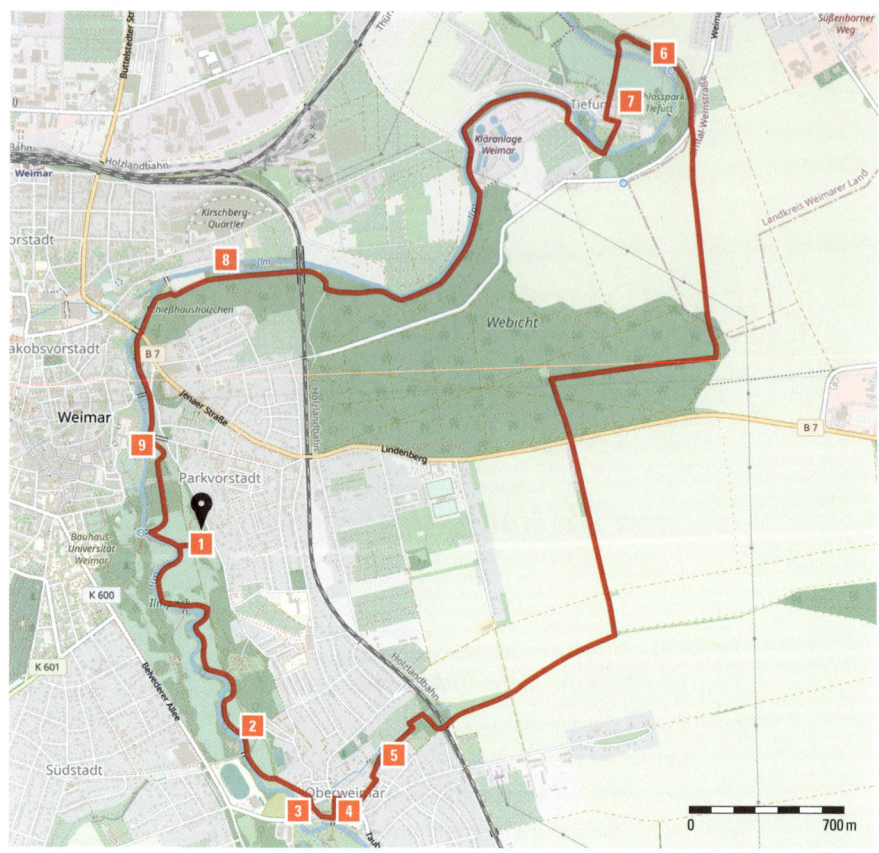

Start/Ziel: Römisches Haus, 99423 Weimar
Länge: 12,5 Kilometer
Gehzeit: 3:15 Stunden
Aufstieg/Abstieg: 100 Meter

1 Goethes Gartenhaus
2 Baumkreis der Hainbuchen
3 Deutsches Bienenmuseum
4 Sankt Peter und Paul
5 Herzquelle

6 Vergilgrotte
7 Schloss Tiefurt
8 Vereinsmühle
9 Leutraquelle und
Sphinxgrotte

WEGBESCHREIBUNG

Vom Gartenhaus bewegen wir uns zunächst zum Ufer der Ilm und gehen davor links. So erreichen wir zunächst den Kreis der Hainbuchen, bevor wir uns von dem Fluss bis zum Ende des Parks führen lassen. Dort wandern wir in die Ilmstraße und am Bienenmuseum vorbei und auf der anderen Straßenseite folgen wir der Klosterstraße. Hinter der Kirche nehmen wir den Fußweg nach links und wenden uns an der Taubacher Straße nach rechts. Durch die Blumengasse wandern wir gegenüber

An der Ilm im Stadtpark (links); Unter dem Turm der St. Peter Paul Kirche fließt der Papierbach (rechts)

weiter und an ihrem Ende wenden wir uns nach links und dann nach rechts. An einer Schranke vorbei geht es leicht rechts zur Herzquelle. Geradeaus wandern wir über eine Wiese, bis wir nach links über den Bach wechseln können. Hinweis: Wenige Meter weiter findet sich rechts des Baches eine kleine Quelle.

Nun also am linken Ufer erreichen wir einen Querweg, in den wir nach rechts abbiegen. Jenseits der Bahnlinie nehmen wir den Feldweg geradeaus und halten die Richtung auch über den Querweg hinweg bei. Erst danach nutzen wir die nächste Möglichkeit, den kleinen Bach nach links zu überqueren. Zwischen den Feldern bewegen wir uns nun auf die Straße zu.

Gegenüber behalten wir die Richtung bis zur zweiten Kreuzung bei, an der wir rechts abbiegen. Dort, wo es geradeaus nicht mehr weitergeht, wenden wir uns nach links. An der Schranke verlassen wir den Schotterweg nach rechts, gehen aber nicht sofort aufs Feld, sondern zunächst parallel weiter. Dieser Feldweg führt uns bis hinunter ins Tal, wo wir nach rechts und hinter dem Ortsschild von Kromsdorf gleich links abbiegen. Im Park wenden wir uns nach rechts, kommen an der „Vergil-Grotte" vorbei und gehen über die Schafbrücke aufs Schloss Tiefurt zu.

An der Alten Remise vorbei erreichen wir eine gepflasterte Straße, in der wir uns kurz nach links und gleich nach rechts wenden, um die Ilm zu überqueren und uns direkt dahinter wieder nach rechts zu wenden. Bevor wir das Gelände des Klärwerks erreichen, nehmen wir schräg rechts den

Die Sphinx bewacht die Grotte (oben);
Relief an der Peter-und-Paul-Kirche (unten)

Pfad am Fluss entlang. ACHTUNG: Im Sommer ist dieser Weg stark zugewachsen, dann sollte man dem Radweg linksherum folgen.

Von dem Weg an der Ilm entlang führt schließlich ein Pfad die Böschung hinauf, und wir befinden uns wieder auf dem Radweg. Dieser asphaltierten Strecke folgen wir unter einer Eisenbahn- und einer Straßenbrücke und auch unter der Brücke zum Stadtschloss hindurch. Direkt dahinter halten wir uns links, passieren die Sphinxgrotte und die Leutraquelle. Nun schreiten wir durch eine breite Allee und erreichen unseren Ausgangspunkt – entweder direkt oder noch einmal an der Ilm entlang.

WEGERLEBNISSE

NH: „Weimar ist eigentlich ein Park, in welchem eine Stadt liegt." Wer sich aus der Stadtmitte auf diese Runde begibt, wird am Ende zum gleichen Ergebnis kommen wie der Schriftsteller Adolf Stahr 1871. Der von Goethe inspirierte Park an der Ilm besticht nicht nur durch seine klassizistischen Bauten, die Grotten und Goethes Gartenhaus. Mich fasziniert seine Lebendigkeit: Der Park wirkt einerseits sehr gepflegt,

andererseits aber keinesfalls steril. Im Sommer dürfen die Wildgräser hochwachsen, und die Wiesen sind nicht etwa mit den parktypischen Verbotsschildern versehen. Einheimische und Touristen bevölkern sie, und das Lachen derjenigen, die an heißen Tagen in der Ilm Abkühlungen suchen, zaubert mir ein Lächeln ins Gesicht.

AS: *Ich hätte mir eine pompösere Einrichtung und Ausführung des Gartenhauses erwartet. Die Küche einfach, die Zimmer klein und spartanisch möbliert. Einige handgeschriebene Briefe, alte Schreibtische und ein schmales Bett, in dem Goethe gestorben sein soll. Die einfachen Zeichnungen an den Wänden zeigen Charlotte von Stein, den Dichter selbst und seine Ehefrau Christiane Vulpius. Alles deutet dar-*

An Goethes Gartenhaus

Die Herzquelle leuchtet in strahlenden Farben

auf hin, dass der Dichter es an seinem Rückzugsort einfach und ohne Luxus haben wollte.

Aber vielleicht war ihm der Ausblicke in den romantischen Park an der Ilm, den er selbst maßgeblich mitgestaltet hatte, genug. Goethe war nicht nur Dichter. Er selbst sah sich vor allem als Naturwissenschaftler: Physiker, Geologe, Botaniker und Naturforscher.

Das einzige Kunstwerk in seinem sonst dem Obst- und Gemüseanbau gewidmeten Garten: Der „Stein des guten Glücks" oder „Altar der Agathé Tyché". Das Kunstwerk besteht aus einem Kubus, der für Festigkeit und Beständigkeit steht, und einer Kugel, die im Schwankenden und Veränderlichen ihren Ausdruck findet. Ob dieser „Stein des guten Glücks" für ihn und seine Liebe zu Charlotte von Stein steht oder nur Zeichen seiner Dankbarkeit

für sein eigenes Glück im Leben war – die Antwort auf diese Frage hat er uns nicht hinterlassen. Sicher ist: Tyché ist die griechische Göttin des Schicksals, der glücklichen, aber auch unglücklichen Fügung und des Zufalls.

Der Weg durch den Park entlang der Ilm führt uns an einen Baumkreis: Drei Hainbuchen stehen mitten in der üppigen Wiese. Obwohl wir noch nicht weit gekommen sind, müssen wir uns unter die Bäume stellen und ihre Energie erspüren. Die Hainbuche, die sich im Wald oft eher kleinwüchsig zeigt, ist hier groß und ausladend. Ich spüre eine tiefe Dankbarkeit: Die Schicksalsgöttin Tyché ist uns heute hold. Und unter der Hainbuche, die als Hexenbaum gilt, könnte man sich ganz im Sinne Goethes die Frage stellen: „War es Zufall oder Schicksal, dass mich das ein oder andere Glück oder Unglück traf?"

Der Hainbuchenkreis ist eine Oase in den Wiesen des Ilmparks (links); Kraft tanken an der Hainbuche (rechts)

NH: Am Ausgang des Parks wartet Oberweimar auf uns, das kleine Bienenmuseum und die Kirche Sankt Peter und Paul. Oberweimar ist der Ursprung der Stadt, hier entstand Ende des 8. Jahrhunderts die erste Siedlung. Im 13. Jahrhundert wurde das Gotteshaus einem Kloster geweiht, aber schon davor stand hier die Kirche einer Pfarrei, zu der alle umliegenden Dörfer gehörten. Überrascht stellen wir fest, dass unter dem Turm Wasser hervorsprudelt: Er ist über dem Papierbach errichtet worden, dessen Wasser früher zur Taufe verwendet wurde.

Die Kirche ist wohl die älteste Kirche Weimars. Oft sind die alten Kirchen, die den wichtigen Aposteln Petrus und Paulus geweiht sind, Nachfolgerinnen von älteren Kultorten. Das Wasser unter dem Turm könnte dafürsprechen, dass diese Kirche über einem alten Heiligtum gebaut wurde.

AS: *Fast scheint es als gäbe es keinen Unterschied zwischen Stadt und Park: Alles geht ineinander über. Als wir an die Herzquelle treten, bin ich fasziniert und berührt zugleich. Dieser Ort, der erst kürzlich renaturiert wurde, strahlt trotzdem etwas Altes und Ursprüngliches aus. Er erscheint mir lichtvoll und hell. Die Liebe, für die das Herz symbolisch steht, wird hier durch die reine Naturerfahrung vermittelt. Die Farben, die sich in dem tiefklaren Wasser spiegeln, gehen von hellgrün bis türkis und sind überwältigend. Ich fühle mich wieder an Goethe und seine Farbenlehre erinnert: Dass er sich damals auch mit der psychologischen Wirkung von Farben auf den Menschen beschäftigt hat,*

DER WEG DER SCHÖNEN KÜNSTE

Sommerliche Getreidefelder

zeigt, dass er in vielen Bereichen ein Vordenker und seiner Zeit voraus war.

NH: Hinter dem Eisenbahntunnel zeigt sich, dass wir auf dieser Wanderung fast gar nicht durch „Natur" gehen – wenn man Natur als das versteht, was ohne Zutun des Menschen existiert. Und das, obwohl unsere Route fast ausschließlich durchs Grüne führt. Kulturlandschaft nennt man die von Menschen gestaltete Natur. Anders als die Parks zuvor, dienen die weiten Felder vor uns nicht der Erbauung und Erholung. Die Felder sind Nutzflächen, die Ernährung sichern und Ertrag bringen sollen. Und trotzdem wecken sie in mir liebevolle Erinnerungen an meine Kindheit. Ich bin am Stadtrand mit Blick auf die Felder aufgewachsen, und Kornfelder sind für mich

das Urbild des Sommers: reifes Getreide, der Duft nach Stroh, Kornblumen und schwirrende Insekten.

AS: *Ich bin fasziniert von den üppigen Feldern, die unseren Weg säumen. Die weite Landschaft und der blaue Himmel sind wie eine Droge für Leichtigkeit und Unbeschwertheit. Zwei Turmfalken, die ihre Brut in einer Pappel am Wegesrand füttern, zeigen sich kreisend über den Feldern. Das Rütteln – das Stehenbleiben in der Luft durch starken Flügelschlag – ist typisch für die Turmfalken, die sich anschließend in die Tiefe stürzen und ihre Beute noch in der Luft töten. Ihr hohes, fast lachendes Geschrei begleitet uns über die Felder wieder zurück in den Wald.*

NH: Wenn ich mich nach Natur sehne, meine ich dann wirklich die un-

Im Tiefurter Schlosspark fällt unser erster Blick auf einen Pavillon

Das Musenschloss der Anna Amalia (oben);
Eine Blume wie ein Kunstwerk: die Mohnblume (unten)

berührte Wildnis oder nicht doch etwas anderes? Eine Wiese, eine Brücke, ein Häuschen, eine Kirche? Finde ich also schön, was mir vertraut ist?

AS: *Ich kann mich nicht sattsehen an der üppigen Natur. Und wie zuvor beim Verlassen des Ilmparks in Weimar habe ich jetzt wieder das Gefühl, dass der Übergang von den Wiesen in die Parklandschaft von Tiefurt nahtlos ist. Der Blick von oben auf den Teepavillon und die Ilm lässt allerdings erahnen, dass wir uns wieder in einem angelegten Park befinden.*

NH: Die weiten Parklandschaften an der Ilm und hier in Tiefurt sind teilweise von Goethe selbst oder noch in seiner Zeit nach den Prinzipien Englischer Landschaftsgärten gestaltet worden. Sie sollten möglichst natürlich wirken, waren aber genau geplant: Wie ein begehbares Landschaftsgemälde sollte ein solcher Garten dem Auge des Betrachters schmeicheln und Freude bereiten. Bis heute sind unsere Sehgewohnheiten davon geprägt, und als idyllisch empfinden wir Zeichen des menschlichen Schaffens inmitten der Natur. Deswegen finden sich Grotten, Pavillons, Tempel oder das Römische Haus in den Weimarer Parks. Und

wir wandern von einem in den anderen und finden es wunderschön.

AS: *Schloss Tiefurt, die Musenresidenz der Herzogin Anna Amalia, entpuppt sich als schlichtes Gebäude. Sie war eine engagierte Kulturmäzenin ihrer Zeit. Selbst aus einem musischen Elternhaus stammend, wurde sie in mehreren Sprachen, Instrumenten und Naturwissenschaften unterrichtet. Und dann wurde sie mit 16 Jahren mit dem kränklichen Ernst August II. von Sachsen-Weimar und Eisenach verheiratet. Da ihr Gatte zum Zeitpunkt der Heirat schon krank war, musste alles sehr schnell gehen. Die Schicksalsgöttin Tyché war Anna Amalia hold: Sie schenkte ihr nur ein Jahr später den erhofften Erben Carl August. Bei der Geburt des zweiten Sohnes, Friedrich Ferdinand Constantin, war ihr junger*

Wie eine Skulptur: ein Stamm im Wehr der Vereinsmühle

Ehemann allerdings schon verstorben. Mit nur 18 Jahren wurde sie Witwe, zum zweiten Mal Mutter und zur Herzogin über Sachsen-Weimar und Eisenach. Sie übernahm die Staatsgeschäfte für ihren minderjährigen Sohn und bekam so die Möglichkeit, die maroden finanziellen Verhältnisse, die ihr Schwiegervater hinterlassen hatte, zu sanieren.

Förderung der Kunst war ihr das größte Anliegen, und so verwandelte sie die Sommerresidenz in Tiefurt in einen Ort der Dichtung, der Musik und des Schauspiels. Und sie war dabei nicht nur Zuhörende, sondern auch Akteurin: Sie musizierte, komponierte und schrieb. Für sie war Kunst in erster Linie ein sinnliches Erlebnis.

NH: Vielleicht herrscht auch deswegen im Tiefurter Park eine so heitere Stimmung, weil sich alle so wohlfühlen in den ausgeklügelten Dimensionen, deren Planmäßigkeit man aber nicht erkennen kann. Es ist ein spannendes Experiment, sich auf dieser Wanderung selbst zu erforschen: Was finde ich schön? Was gefällt mir in der Natur? Worauf ruht sich mein Auge aus, was weckt Gefühle in mir oder Erinnerungen?

AS: *Zurück in Weimar im Ilmpark überkommt mich eine große Dankbarkeit und Demut gegenüber all dieser Kunstwerke, die hier geschaffen wurden: Skulpturen, sanfte Quellen, Steingrotten, Wasserbecken, Bachläufe, die Ilm, uralte Bäume, naturbelassene Wiesen, das Römische Haus und darunter wieder eine Quelle zu Ehren der Nymphen. Ich danke im Geiste einer starken Frau und weisen Regentin,*

Das Römische Haus im Weimarer Stadtpark (oben);
Der Park an der Ilm bei Abendstimmung (unten)

Anna Amalia, die den Samen gelegt hat für diese Stadt: Weimar, ein grünes Gesamtkunstwerk!

TEXT: INSCHRIFT AUS DER FEDER GOETHES NEBEN DER KLEINEN NYMPHEN-QUELLE UNTERHALB DES RÖMISCHEN HAUSES

DIE IHR FELSEN UND
BAEUME BEWOHNET OH
HEILSAME NYMPHE
GEBET IEGLICHEM GERN
WAS ER IM STILLEN BEGEHRT
SCHAFFET DEM TRAURIGEN
MUTH DEM ZWEIFELHAFTEN
BELEHRUNG
UND DEM LIEBENDEN
GOENNT DASS IHM BEGEGNE
SEIN GLYK
DENN EUCH GABEN DIE
GOETTER WAS SIE DEM
MENSCHEN VERSAGTEN
IEDEM DER EUCH
VERTRAUT HYLFREICH UND
TROESTLICH ZU SEYN.

ANREGUNG: ELFCHEN SCHREIBEN

Nikola hat in dem ausgeklügelt geplanten Park in Tiefurt die Fragen schon vorgeben: Was finde ich schön? Was gefällt mir in der Natur? Worauf ruht sich mein Auge aus? Was weckt Gefühle in mir oder Erinnerungen? Beantworte für dich die Fragen, und vielleicht entsteht als Ausdruck dessen sogar ein Gedicht. Dabei sind der Kreativität keine Grenzen gesetzt, und reimen muss sich ein Gedicht auch nicht. Wer sich ein bisschen Struktur dafür wünscht, kann ein sogenanntes „Elfchen" schreiben – ein Gedicht aus fünf Zeilen und elf Wörtern:

Die erste Zeile besteht aus einem Wort: Natur

die zweite Zeile erklärt in zwei Wörtern das erste: mein Zuhause

die dritte erweitert die Erklärung in drei Wörtern: in der Welt

die vierte bringt einen neuen Aspekt in vier Wörtern: ich fühle mich grün

die fünfte bildet den Abschluss, die Essenz in einem Wort: Grüngeborene

Der entzückende Brunnen am Wielandgut

12

DER WEG VON VERGESSEN UND ERINNERN –

vom Wielandgut in Oßmannstedt nach Niederroßla

Im Wielandgut in Oßmannstedt laufen viele Stränge zusammen: Es vereint die Weimarer Klassik mit dem vergangenen Reich der Thüringer, der Dorfplatz lässt erahnen, was die Aufklärung meinte, wenn sie die Gleichheit aller forderte. Und im Blick zurück mag man eine Antwort auf die Frage finden, die sich viele im Leben stellen: Was bleibt von mir, wenn ich einmal nicht mehr bin? Gibt es etwas, das die Nachwelt an mich erinnert? Ein Gedicht, eine Brosche, ein Brunnen?

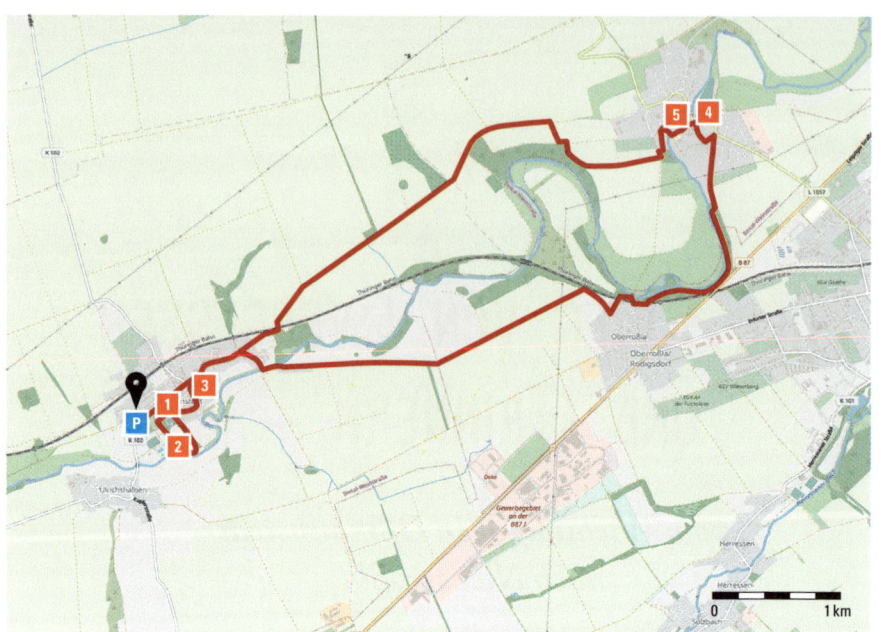

Start/Ziel: Wielandstraße 16, 99510 Oßmannstedt
Länge: 13,8 Kilometer
Gehzeit: 3:30 Stunden
Aufstieg/Abstieg: 110 Meter

1 Wielandgut
2 Grabstätte Christoph M. Wieland/Anna D. Wieland, Sophie Brentano
3 Maienborn-Brunnen
4 Barockkirche Niederroßla
5 Wasserburg Niederroßla

WEGBESCHREIBUNG

Vom Parkplatz am Wielandgut wenden wir uns zunächst Richtung Dorfmitte, nur um sofort rechts in den Park abzubiegen. Wer mag, dreht nach links eine kleine Runde am Wielandgut vorbei. Nachdem wir an der Ilm entlang einen Bogen durch den Park geschlagen haben, wenden wir uns vor dem Gebäude nach rechts und biegen in die Straße nach rechts ein. Wir folgen der Jahnstraße durch den Ort und biegen nach den beiden Brunnen nach rechts Richtung Kirche ab. Über die Karl-Liebknecht-Straße wandern wir zum Gargarin-Platz. Hier werden wir später noch einmal vorbeikommen.

Nun gehen wir rechts, überqueren die Ilm und folgen ihr. Bis nach Oberroßla bleiben wir auf dem Radweg. Dort biegen wir in „An der Burg" nach links ab, unterqueren die Eisenbahn, wenden uns nach rechts und bleiben an den Treppen oben. Durch den kleinen Tunnel erreichen wir die Kirche, biegen links ab und unterqueren noch einmal die Eisenbahnlinie.

DER WEG VON VERGESSEN UND ERINNERN

Auf dem Weg nach Oberroßla

Blick auf die barocke Kirche in Niederroßla

Wir bleiben auf dem Fahrradweg, bis nach links ein Wanderpfad abzweigt. An der Gabelung halten wir uns links, möglichst nah an der Ilm. Schließlich erreichen wir eine vielstämmige Eiche und gehen rechts hinauf.

Wieder auf dem Radweg wandern wir nach Niederroßla hinein und bei erster Gelegenheit nach links. Rechts erwartet uns die Barockkirche. Dort biegen wir links ab, gehen auf den angeblich höchsten Burgfried Deutschlands zu.

Links an der Wasserburg vorbei erreichen wir wieder die Ilm, überqueren die Brücke, wenden uns sofort nach links und vor einer Koppel noch einmal. In die kleine Asphaltstraße biegen wir nach links und dann gleich nach rechts auf den Feldweg ab. Vor der Hecke nehmen wir den rechten, den oberen Weg. Nach einer Linkskurve nehmen wir an der Gabelung den rechten Weg und zweigen dann in den breiten Weg nach links ab. Wir passieren ein Haus und nehmen dahinter an der Gabelung den rechten Weg.

Immer geradeaus erreichen wir schließlich die Bahnlinie und dann wieder das Dorf. Nun biegen wir nicht Richtung Kirche und Dorfplatz ab, sondern gehen geradeaus bis zum Ausgangspunkt.

WEGERLEBNISSE

NH: In dem kleinen Dorf Oßmannstedt ist einer die Hauptperson, der vor lauter Goethe und Herzogin Anna Amalia in Weimar viel zu oft übersehen wird. Obwohl er derjenige

Die Ilm am Grabmal der Familie Wieland

war, dem Herder, dem Goethe und Schiller erst gefolgt sind: Christoph Martin Wieland. Der 1733 als Sohn eines Theologen geborene Dichter wandelte sich von einem religiösen Poeten in einen der berühmtesten Vertreter der Aufklärung in deutschen Ländern, und galt in der Blüte seines Schaffens im 18. Jahrhundert als führender Dichter deutscher Sprache.

AS: *Ich bin fasziniert von dem bezaubernden kleinen Park am Wielandgut. Als wir das Grabmal erreichen, das direkt an der Ilm liegt, kann ich mich nicht mehr halten. Ich muss mich an diesem Ort niederlassen. Nikola macht sich auf die Suche nach dem Gedenkstein für die „Frau von Oßmannstedt", während ich verweile und in der üppigen und friedlichen Natur rund um*

das Grab des Schriftstellers bade. Ich gehe an den Fluss, und sein Plätschern nimmt mich mit – wie auf eine Reise. Dass das Wasser heute noch meine Rettung sein wird, das weiß ich jetzt noch nicht – erst am Ende unserer Runde wird sich dieser Kreis schließen.

NH: Der Park, die Ilm, das Gut: Es ist noch alles so, dass es auch vor 225 Jahren so ausgesehen haben mag. Selbst der kleine Garten direkt oberhalb des Flusses ist noch von Wieland persönlich angelegt: als Dreiergrab für die 1800 auf dem Gut verstorbene Freundin der Familie, Sophie Brentano, seine 1803 verstorbene Frau, nach deren Tod er nach Weimar zurückkehrte, und für sich selbst.
Bei all seiner Geistesschärfe soll Wieland ein extrem wohlwollender und

Die Büste des Dichters (oben);
Symbol auf dem Obelisk (unten)

freundlicher Zeitgenosse gewesen sein. Das hat ihn zu einem so guten Pädagogen gemacht, dass die Herzogin auf ihn aufmerksam wurde und ihn als Erzieher ihrer Söhne nach Weimar holte. Auch die junge Sophie Brentano verehrte ihn und kehrte ein Jahr, nachdem sie ihn bei einem Besuch in Oßmannstedt kennengelernt hatte, im Juli 1800 zurück. „Liebe Tochter" nannte der fast 70-jährige Wieland sie und musste dabei zusehen, wie sie nur zwei Monate später wahrscheinlich an einer Hirnhautentzündung starb. Vielleicht hat er das Gut auch deswegen verlassen. Wiedergekommen ist er erst, als er mit seinen Lieben wieder vereint war in diesem doch sehr verwunderlichen Dreiergrab. „Liebe und Freundschaft umschlang / die verwandten Seelen im Leben / und ihr Sterbliches deckt dieser gemeinsame Stein", hat Wieland auf den schlichten Obelisken schreiben lassen.

Wieland hat nicht gewusst, dass er seine junge Freundin nur wenige Meter von der sogenannten „Frau von Oßmannstedt", der jungen Fürstentochter, beigesetzt hat. Zwei junge Menschen, deren Lebenswege hier unerwartet und viel zu früh endeten.

AS: *Die junge ostgotische Frau von Oßmannstedt soll auf dem Weg zum Königshof erkrankt sein, und der Todesengel wird sie wohl auf seinen Schwingen in die Anderswelt getragen haben. Ihr zu Ehren, wurde ein Elitegrab angelegt. Ihre Gebeine ruhten zwar in einem schlichten Holzsarg, doch die Grabbeigaben waren von adeligem Wert: eine 120 Zentimeter lange Goldkette mit Bernsteinperlen, eine byzantinisch-reiternomadische Gürtelschnalle aus Gold und Granatplättchen, eine Tasche mit Silberbeschlägen, ein Knochenkamm mit Kreuz, ein goldener Fingerring, ein zerbrochener Weißmetallspiegel und zwei schwere goldene Ohrringe. Doch das Glanzstück ihrer Besitztümer war eine Fibel, eine Brosche in Form eines Adlers, bestückt mit Granatsteinen aus Indien und mit der Abbildung des Gefieders des Greifvogels auf der Rücksei-*

sind, in denen es eben keine Stände und keinen Adel mehr gibt.

AS: *Die beginnende Hitze des Tages beginnt ihre Fänge nach uns auszustrecken. Der Weg entlang der Felder ist gesäumt von Bäumen, aber Schatten spenden sie uns an diesem sonnigen Tag keinen. Ich denke an die Frau von Oßmannstedt: Ob sie sich auch auf diesem Weg genähert hat? Dort, wo 1965 ihr Grab an einer Furt der Ilm entdeckt wurde, waren vorher schon Funde einer frühzeitlichen Siedlung gemacht worden. Nur deshalb waren beim Bau einer Stallanlage zwei Archäologen vor Ort: Welch ein Glück — sie konnten den Fund sofort professionell sichern.*

Nun sticht die Sonne vom Himmel, und es erscheint mir wie eine Erlösung als wir in den schützenden Wald an der Ilm eintreten. Die Bäume sind sowieso meine Freunde, aber in diesem Moment noch viel mehr. Ganz instinktiv gehe ich hinunter zum Fluss, ich muss mich ihm nähern: Und da ist ein kleiner geschützter Platz. Ich ziehe meine Schuhe aus und stelle mich in die Fluten. Eine große Erleichterung erfasst meinen Körper, die Kühle des Wassers breitet sich in mir aus, und alle Anspannung fällt von mir ab. Es ist heute schon das zweite Mal, dass mir ein Ort an der Ilm wie eine Offenbarung erscheint. Ich richte meinen Blick nach oben und breite meine Arme aus.

te. *Der Adler war in allen Zeiten ein Symbol der Herrschaft und des Adels, und auch in der Zeit der Völkerwanderung widerspiegelte er die Macht des Menschen, der ihn an seiner Kleidung trug. Warum war sie unterwegs durch Thüringen?*

NH: Als wir den Dorfplatz erreichen, denke ich wieder an Wieland: Der ehemalige Lehrer des Herzogs, der Literat und Professor, der mit den Geistesgrößen seiner Zeit und mit der herzoglichen Familie vertraut war, soll sich über alle Stände hinweg gerne zu den Dorffesten seiner neuen Nachbarn gesellt haben. Auch das ist schließlich ein Verdienst der Aufklärung: Mit ihr nahm die Entwicklung demokratischer Gesellschaften ihren Anfang, in denen jeder Bürger und jede Bürgerin vor dem Staat gleich

Das Wasserschloss mit dem höchsten Bergfried Deutschlands (links); Der Weg über die Felder (oben); Niederroßla und seine Türme (unten)

Durch Niederroßla gehen wir in Richtung Wasserschloss. So viel Interessantes gäbe es über diesen Ort zu erzählen: Funde aus der Stein-, Bronze- und Eisenzeit. Ab dem 1. Jahrhundert lebte dort das germanische Volk der Hermunduren. Stattdessen erlangte das Dorf Berühmtheit für die eigentlich eher traurige Geschichte um den Elefanten namens Miss Baba.

Für die Entstehung der mittelalterlichen Burganlage spielte die Ilm eine wichtige Rolle. Sie bot an zwei Seiten eine natürliche Begrenzung, und ihr Wasser füllte den Graben und schützte so die Burg vor feindlichen Angriffen. Entstanden im 12. Jahrhundert, wurde sie über die Epochen umgebaut, und ein Teil ihrer historischen Baumasse ging erst im 20. Jahrhundert verloren. Trotzdem ist sie vor allem wegen ihres gut erhaltenen 57 Meter hohen quadratischen Bergfrieds einen Besuch wert.

NH: Wir kühlen uns an dem Brunnen vor der Burg, bevor wir uns auf den Rückweg nach Oßmannstedt machen. Wir sind den Kirschbäumen dankbar für den Schatten, den sie uns spenden. Als wir sie hinter uns lassen, haben wir keinen Schutz mehr vor der Sonne. Für Andrea mit ihrer hellen Haut der echte Stress. Mir macht es nicht ganz so viel aus, und ich habe noch einen Blick für die liebliche Landschaft. Aufs Land ziehen! Wie oft habe ich in den letzten Jahren davon geträumt. Aber ganz so einfach ist es vielleicht gar nicht: Wieland hat es auch nur sechs Jahre ausgehalten, bevor er sich wieder in die Gesellschaft der Stadt geflüchtet hat.

Der Baum mit den vielen Stämmen (oben);
Das Tor zur Ilm am Grabmal der Familie Wieland (unten)

Ich weiß, dass in der Nähe der Kirche ein Brunnen ist. Der ist mein Ziel: Und dann sitze ich im Dorfbrunnen von Oßmannstedt und das kühle und wohlige Nass rettet mich. Zwei Mädchen kommen vorbei und schauen mich verdutzt an. Sie lachen und gehen weiter. Ich freue mich wie eine Königin, dass meine Beine in dem kühlen Wasser stehen und ich meinen Kopf unter den Strahl halten kann. Es ist wie neu geboren werden.

AS: *Ich denke an die junge Ostgotin, vielleicht war ihr Name Amalaswintha. Die Thüringer Könige betrieben eine geschickte Bündnis- und Heiratspolitik und waren so auch mit dem ostgotischen Volk verbündet. Ich habe immer wieder ein Gesicht vor Augen: Eine junge Königstochter, auf dem Weg zu ihrem jugendlichen Gemahl. Sie reist mit all ihrem Prunk durch die Wälder Thüringens. Die Ilm fließt träge dahin, und so wie ich vorhin, will sich die junge Frau etwas abkühlen. Dabei ist sie unachtsam, rutscht aus und fällt in den Fluss. Er nimmt sie auf und trägt sie, doch schwimmen kann sie nicht. Sie ruft um Hilfe, und ihre Diener eilen herbei. Doch das Dickicht lässt sie nicht durch, und ihre Herrin verschwindet aus ihrem Blickfeld. Schwimmen kann keiner von ihnen.*

NH: Da sitzen wir also auch auf dem Dorfplatz, die beiden jungen Frauen im Kopf und den irgendwie in Vergessenheit geratenen Wieland. Er hat eine Rede gehalten mit dem Titel „Über das Fortleben im Andenken der Nachwelt". Und darin sprach er diesen Satz, den ich hier nun nicht der Ostgotin widme oder sonst irgendeiner anderen historischen Größe. Sondern den Erbauern und Planerinnen des Brunnens, die meine Kollegin vor dem Hitzschlag gerettet haben: Es sei viel wichtiger, schreibt Wieland, „das bescheidene stille Verdienst" ans Licht zu holen, „denn ein tugendhafter, um seine … Vaterstadt … verdienter Bürger ist ungleich würdiger als mancher, der die Welt mit dem Geräusch seiner Taten betäubt hat."

Die Dämmrung zu uns führt von
  halb bestrahlten Hügeln,
Ein müder Wandrer, den, auf sanft
  geschwelltem Moos,
Ein grünes Schlafgemach von dich-
  tem Laub umschloß,
Vom Licht erweckt sich rührt; er
  reibt die Augenlieder,
Der Morgen hebt sie auf, der
  Schlummer schlägt sie nieder,
Das glänzende Gefild, der Blumen-
  düfte Schwall,
Und selbst das hohe Lied der frühen
  Nachtigall,
Rührt seinen Sinn nur schwach,
  kaum glaubt er zu empfinden,
Er rafft zuletzt sich auf, und Traum
  und Schlaf verschwinden;
Ihn grüßt der nahe Tag, das auf-
  gewachte Feld
Lacht ihm ermuntert zu, ihn blickt
  das Aug' der Welt

RITUAL: WASSER-INSPIRATION

Vier Wasser-Rituale kannst du auf
dem Weg machen: Am Grab der
Familie Wieland an der Ilm geht es
darum, die Schönheit des Ortes in
sich aufzunehmen. Nimm dir mindestens fünf Minuten Zeit und verweile an der Gedächtnisstelle. Nimm
die Landschaft und den Fluss wahr
und finde ein einziges Wort für deine Empfindungen. Schreib dieses auf
einen Zettel. Du kommst durch den
Ort an drei Brunnen vorbei, dem
Maienborn, dem Brunnen, in dem
sich Andrea abkühlen konnte, und
dem alte Ziegelbrunnen. An einem
von ihnen lässt du dich nieder. Früher war ein Brunnen die einzige
Möglichkeit, Wasser zu holen. Es
war meist ein Treffpunkt des Dorfes.
Denk fünf Minuten darüber nach,
was für dich heute ein Treffpunkt in
deinem Wohnort ist und was er dir
bedeutet. Notiere dir dazu wieder ein
einzelnes Wort.
Am Ufer der Ilm im schützenden
Wald lässt du dich vom fließenden
Fluss inspirieren. Was bedeutet es
für dich, auf dem Wasser zu sein und
wann warst du zuletzt auf dem Wasser unterwegs? Denk fünf Minuten
darüber nach und schreibe ein weite-
res Wort auf deinen Zettel.
Am hohen Turm in Niederroßla begrüßt dich ein weiterer Brunnen und
viele alte Bäume. Hier setzt du dich
für fünf Minuten und überlegst dir,
was Bäume für dich bedeuten. Notiere dir wieder ein Stichwort auf
deinem Zettel. Wenn du wieder
beim Wielandgut angekommen bist,
stehen vier Wörter auf deinem Stück
Papier. Formuliere daraus einen kurzen Text: Diesen nimmst du mit
nach Hause. Lies ihn dort nochmals
durch und überleg dir, was er dir sagen möchte, danach übergibst du ihn
dem Wasser.

Auf dem Jenzig soll ein heidnischer Brandopferplatz gewesen sein

13

DER WEG DES HEILIGEN BERGES —

auf den Jenzig bei Jena

Es ist das alte Jena, durch das wir uns auf den Jenzig zubewegen. Nicht nur, dass Schiller in der „Unserer Lieben Frau" geweihten Kirche in Wenigenjena geheiratet hat, auch Goethe lebte hier in seiner Jenaer Zeit 1817 und 1818. Beide kannten also den Berg, der in vorgeschichtlicher Zeit als Wallburg und Opferplatz diente. Schiller soll der Berg zu der Ballade „Der Spaziergang" inspiriert haben, in dem die ganze griechische Götterwelt ihr Stelldichein feiert. Und das Gerücht hält sich hartnäckig, dass Goethe hier das Thema seines allerdings bereits 1782 geschriebenen Erlkönigs gefunden habe.

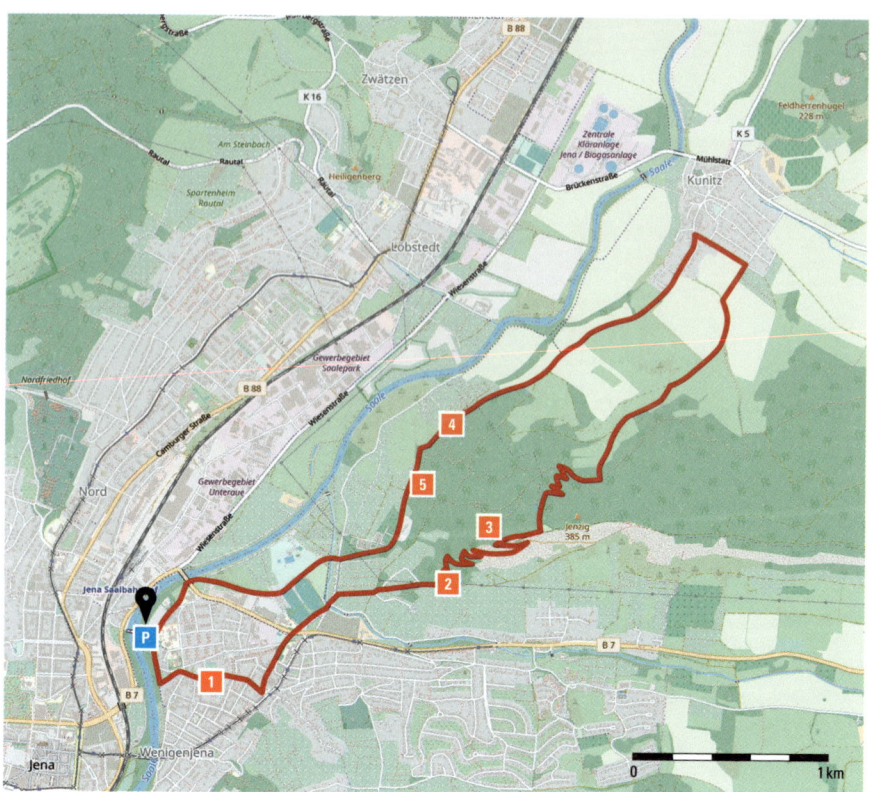

Start/Ziel: Parkplatz Am Gries, 07749 Jena
Länge: 11,5 Kilometer
Gehzeit: 3:45 Stunden
Aufstieg/Abstieg: 256 Meter

1 Schillerkirche
2 Dinosaurierweg
3 Jenzig
4 Schloss Thalstein
5 Erlkönig

WEGBESCHREIBUNG

Die Jenzig-Runde beginnt auf dem Saaledeich, wo wir uns nach rechts flussaufwärts wenden. Bald zweigt ein Fußweg nach links ab. Wer Lust hat, hinunter ans Ufer zu gehen, bleibt hier noch ein Stück auf dem Deich und erreicht bald eine Stelle, wo dies gut möglich ist. Unsere Route führt allerdings über den Fußweg weg vom Fluss. Wir erreichen mit Blick auf den Jenzig die Charlottenstraße, die in die Schlippenstraße übergeht und an der Schillerkirche vorbei bis zur Kunitzer Straße führt. Diese führt uns durch eine Unterführung und am Sportplatz vorbei bis zu einer Brücke über einen kleinen Bach. Dahinter befinden sich

An der Saale (links); Steil bergauf führt der Weg auf den Jenzig (oben); Vorbei an der Schillerkirche (unten)

drei Möglichkeiten weiterzugehen. Wir nehmen die mittlere und biegen bei nächster Gelegenheit rechts ab.

Nach einem Biergarten geht es zunächst schräg links und dann wieder auf drei mögliche Wege zu, von denen wir wieder den mittleren wählen. Oben wartet ein Aussichtspunkt auf uns, von dem aus wir entweder durch den Gastgarten des Jenzig-Hauses weiterwandern können, oder – wenn wir nicht einkehren wollen – wieder zum Wanderweg zurückgehen und dann rechtsherum weiterwandern, bis wir an einem weitläufigen schönen Picknickplatz gelangen. Dort folgen wir dem Schild, das nach links Richtung Stadtzentrum weist. Zunächst erreichen wir eine Wiese direkt über Jena und dem Saaletal. Der Wanderweg führt direkt an der Bergflanke links, etwas unterhalb der Wiese an einer Bank vorbei in den Wald.

An einer Wegkreuzung steht ein Schild, wir wenden uns nach rechts Richtung Kunitz. Bei nächster Gelegenheit nehmen wir den Weg, der nach links führt. Am Rand einer Wiese wandern wir auf eine Reihe von Bäumen zu und stoßen davor auf einen Querweg, in den wir nach rechts einbiegen. In einem großen Bogen führt er uns über die Felder auf Kunitz zu. Bevor wir diese Ortschaft erreichen, wenden wir uns nach links, und an der Kreuzung, an der sich rechts eine Gaststätte befindet, wandern wir in die Thalsteinstraße nach links.

Dort, wo diese in „Am Erlkönig" übergeht, wenden wir uns nach links, um das Schloss Thalstein zu sehen.

Der Erlkönig

blieben sein könnte, der zeitweise am Fuß des Berges wohnte.

Heute gilt als gesichert, dass die erste Besiedlung des Jenzigs um 5500 vor Christus erfolgte. Auch Funde aus der Urnenfelderzeit, etwa 1.000 Jahre vor unserer Zeitrechnung, und aus der Eisenzeit rund 500 Jahre später sind belegt.

AS: *Die wichtigsten Erkenntnisse aus diesen frühen Zeiten gewinnt die Archäologie aus Grabfunden. Wenn Menschen ihren Toten etwas ins Grab legen, glauben sie an ein Weiterleben der Seelen nach dem Tod. Dass die keltischen Völker daran geglaubt haben, ist sogar schriftlich belegt in römischen und griechischen Quellen. In der keltischen Mythologie stand die Göttin Hel oder Holle als Hüterin des Übergangs an der Seite der Seelen.*

Der Weg, der steil bergan führt, tarnt sich heute mit seinen spielerischen Dinosaurierfiguren. Aber sie können uns nicht davon ablenken, dass es sich hier um einen alten Kult- und Ritualberg handelt. Immer wieder drängt es mich, die Abkürzungen durch den Wald zum Gipfel zu nehmen, einfach nur um im schützenden Grün zu verschwinden. Doch die Aussicht ins Tal, die verschiedenen Trias-Stationen und der mühelosere Aufstieg lassen uns auf dem moderaten Weg bleiben.

Anschließend gehen wir geradeaus weiter an der Statue des Erlkönigs vorbei, gelangen an eine Querstraße und gehen auf dem Fußgängerweg geradeaus über eine Brücke und weiter bis zur Saale. Dort wenden wir uns nach links und kehren zurück zum Startpunkt.

WEGERLEBNISSE

NH: Dass oben auf dem Plateau des aus Muschelkalk bestehenden Jenzigs einst eine Wallburg stand und auf dem Sporn, der Hundskuppe, vermutlich ein alter Brandopferplatz – das wurde archäologisch erst seit 1856 untersucht. Es ist allerdings kaum vorstellbar, dass es einem geologisch so interessierten Wissenschaftler wie Goethe verborgen ge-

DER WEG DES HEILIGEN BERGES

Der Dinosaurier hat sich einen guten Platz ausgesucht (oben);
Durch den geschützten Wald steil nach oben (unten)

Die Felsformationen im Park von Thalstein

NH: Oben erreichen wir den Aussichtspunkt auf der Hundskuppe. Der von Schiller beschriebene Ausblick ins Tal der Saale und auf die Stadt haben sich seit seiner Zeit sehr verändert. Verändert hat sich aber noch etwas sehr Wesentliches: 1856 haben Prähistoriker einen fünf Meter hohen Hügel auf dem Jenzig wissenschaftlich untersucht. Der spätere Gründer des Germanischen Museums in Jena, Friedrich Klopfleisch, leitete die Erforschung und erkannte, dass es sich bei dem künstlichen Hügel um eine bronzezeitliche Kult- und Opferstätte handelte. Sieben Jahre vor seinem Tod fanden die letzten Ausgrabungen auf dem Berg statt. Und dann geschah Unglaubliches: 1904 wurde der Hügel einfach eingeebnet, um das Jenzig-Haus zu errichten, das noch heute hier oben steht. Ohne jede weitere Erforschung wurde der Opferplatz überbaut und für immer vernichtet.

AS: *Auf dem Plateau neben dem Gasthaus breitet sich eine tiefe Stille in mir aus. Ich stelle mich in die Mitte und blicke nach oben. Ich bin verbunden mit der Sonne, und tief unter mir ist der Berg, das Gestein aus Muscheln und Kalk. Hier, wo ich stehe, war einmal ein riesiges Meer, und diese Felsformation ist das Resultat aus den Ablagerungen dieses urzeitlichen Wassers: Fische, Muscheln, Steine, Sand – alles ist hier versteinert gegenwärtig. Ich stehe mit meiner ganzen Körperlichkeit auf diesem Relikt der Urzeit. Ich bin alles: der Fels, das Wasser, das Feuer und der Sturm. Alle Elemente durchströmen mich auf dem heiligen Jenzig. Der Berg war nur in der vorchrist-*

Das Plateau auf dem Jenzig

lichen Zeit eine Wallburg. Die Germanen verließen ihn schon im ersten Jahrhundert und bauten ihre Siedlungen um ihn herum. Der Jenzig diente nicht mehr zum Schutz oder zur Abwehr von Feinden, stattdessen wurde an seinen Hängen über Jahrhunderte Wein angebaut, das Getränk, das den Römern und Griechen so heilig war, dass sie dafür sogar eine eigene Gottheit hatten.

NH: Heute heißt der Mittelpunkt der ehemaligen Wallanlage auf dem Plateau „Festwiese". Picknicktische stehen rund um den Platz: Kommunikation und Austausch, Lachen und Spielen. Zusammensein in ausgelassener Stimmung: Viele Generationen haben das hier oben erlebt – offenbar über Jahrhunderte hinweg.
Als wir den Picknickplatz wieder

verlassen und die Wiese über dem Saaletal erreichen, ändert sich die Atmosphäre: Sie dient als Startplatz für Drachen- und Gleitschirmflieger. Einfach abheben, sich dem Himmel nähern, die Erde von oben betrachten. Eine Sehnsucht, die für mich ganz eng verknüpft ist mit der Frage danach, was es da noch gibt – außer dem Sein auf dieser Erde.
Zufällig wurden auf diesem Platz bei Steinbrucharbeiten in den 30er-Jahren sogenannte Hortfunde aus der Bronzezeit gemacht: In unterschiedlichen Epochen über längere Zeiträume hinweg wurden vor rund 3.000 Jahren jeweils mehrere Schmuckstücke abgelegt und unter Steinplatten verborgen. So liegt auch die Vermutung nahe, dass es sich bei den Legungen um Opfer für eine Gottheit gehandelt haben könnte.

Bank mit Aussicht auf Jena (oben); Sandsteinfelsen oberhalb des Erlkönigs (unten)

AS: *Der Wald, der uns nun aufnimmt, wirkt, als würde er noch viele weitere Geheimnisse verbergen. Doch ich befürchte, ich werde das Geheimnis des Berges nicht lüften können. Immer wieder bleibe ich stehen und frage mich, warum mich die Gedanken an Tod und Sterben hinunter begleiten ins Tal. Die Fruchtbarkeit, die uns auf den Wiesen und Felder begegnet, steht in krassem Widerspruch zu den Gefühlen in meinem Herzen.*
Die ledige Armenhäuslerin Rosina Schlegel – von den Kunitzern „Blumenröschen" genannt – schaut uns von einer Informationstafel an. Ich lese ihre Geschichte und frage mich, ob unser Schicksal schon bei der Geburt entschieden wird. Hatte die kleine Rosina deren Mutter sich in der Saale ertränkte, weil sie zu arm war, um ihre vier Kinder zu ernähren, ihr schweres

Los verdient? Wer hat das entschieden: die Götter, sie selbst – oder war es einfach nur Zufall, dass ihr Leben so verlief?

NH: Die Geschichte der Blumenröschen genannten Frau finde ich gar nicht nur traurig. Immerhin hat sie es offenbar geschafft, in Erinnerung zu bleiben. Noch Jahre nach ihrem Tod sollen Studenten Blumen an ihr Grab gebracht haben: Blumen, die sie selbst gepflückt haben, so wie das Röschen es einst getan hat, um sich ein paar Pfennige zum Überleben zu verdienen. Offenbar hat sie mit ihren Blumen den jungen Männern ein bisschen Farbe und Freude ins Leben gebracht, wofür diese ihr über den Tod hinaus dankbar waren. Eigentlich eine schöne Art in Erinnerung zu bleiben, finde ich.

Kunitz und am Berg die Kunitzburg

AS: *Ein „Lost Place" tut sich vor uns auf – Schloss Thalstein. Eigentlich ist – oder besser war – es nie ein Schloss, sondern ein Gutshof. Heute wirkt das stattliche Gebäude eher wie ein Spukhaus, umgeben von einem düster wirkenden Wald. Gerne würde ich über das Gitter steigen und mir den Ort genauer anschauen, aber das ist nicht möglich. Ich frage mich, warum dieses wunderbare Gebäude am Fuße des Jenzigs sich selbst und dem Verfall überlassen bleibt.*

Einige Schritte weiter erreichen wir einen Teich, über dem sich neben einer Felswand aus Sandstein eine riesige männliche Figur erhebt, die einen Arm gegen den Himmel streckt: Der Erlkönig! Dieser Sagenkönig, von Goethe ins Leben gedichtet und hier in diesem Schlosspark in Stein gehauen, der aufgrund seiner Artenvielfalt unter

Naturschutz steht. Ich bin fasziniert. Für mich war dieser sagenhafte König immer Stellvertreter des Todes: Er reißt den Knaben aus den Armen des Vaters und lockt ihn mit seinen reizenden Töchtern in sein Reich, und das Kind folgt ihm bereitwillig.

Goethe war nicht nur Dichter, sondern auch Naturwissenschaftler und Geologe. Sicher hat er mit seinem Dichterfreund Schiller einige Wanderungen auf den Gipfel unternommen. Er muss gewusst haben, dass sich dort ein alter Ritual- und Brandopferplatz befunden hat. Und vielleicht hat er für den Erlkönig nicht die Legende über den Vater aus Kunitz zum Vorbild genommen, der auf der Suche nach einem Arzt in den Saaleauen durch den Nebel ritt. Vielleicht war es der Jenzig, der den Dichterkönig zu seinem Erlkönig inspiriert hat.

Schoss Thalstein – ein Lost Place? (oben);
Der Erlkönig (unten)

NH: Ich klettere als Erstes in die Felsen hinter der riesigen Figur. Ich will mich ihr gar nicht gegenüberstellen. Wir haben den Erlkönig in der Schule durchgenommen. Ich kann mich daran erinnern, dass ich einfach nicht verstehen wollte, was wohl mit dem Gedicht gemeint sein könnte, und an ein Gefühl von großem Widerwillen, das mich auch heute wieder packt. Hier wird mir nun allerdings endlich klar, warum ich mich so gesträubt habe damals: Mein Vater war schwer krank, und die Rollen waren umgekehrt verteilt, er hat den „Erlkönig" kommen sehen, und ich wollte es nicht wahrhaben. Aber der Tod gehört zum Leben. Das kann ich heute so akzeptieren. Und das Leben zum Tod. Deswegen geben die Menschen ihren Toten seit Tausenden von Jahren Gaben mit auf die Reise, feiern Rituale, beten sie zu ihrem Gott oder zu ihren Göttern, wie hier am Jenzig.

TEXT: ERLKÖNIG, VON JOHANN WOLFGANG VON GOETHE (1749–1832)

Wer reitet so spät durch Nacht und
    Wind?
Es ist der Vater mit seinem Kind;
Er hat den Knaben wohl in dem
    Arm,
Er fasst ihn sicher, er hält ihn
    warm. –
Mein Sohn, was birgst du so bang
    dein Gesicht? –
Siehst, Vater, du den Erlkönig nicht?
Den Erlenkönig mit Kron' und
    Schweif? –
Mein Sohn, es ist ein Nebelstreif. –
„Du liebes Kind, komm, geh mit
    mir!
Gar schöne Spiele spiel' ich mit dir;
Manch' bunte Blumen sind an dem
    Strand;
Meine Mutter hat manch' gülden
    Gewand." –
Mein Vater, mein Vater, und hörest
    du nicht,
Was Erlenkönig mir leise verspricht? –
Sei ruhig, bleibe ruhig, mein Kind!
In dürren Blättern säuselt der
    Wind. –

„Willst, feiner Knabe, du mit mir gehn?
Meine Töchter sollen dich warten schön;
Meine Töchter führen den nächtlichen Reihn
Und wiegen und tanzen und singen dich ein."
Mein Vater, mein Vater, und siehst du nicht dort
Erlkönigs Tochter am düstern Ort? –
Mein Sohn, mein Sohn, ich seh' es genau;
Es scheinen die alten Weiden so grau. –
„Ich liebe dich, mich reizt deine schöne Gestalt;
Und bist du nicht willig, so brauch' ich Gewalt." –
Mein Vater, mein Vater, jetzt fasst er mich an!
Erlkönig hat mir ein Leids getan! –
Dem Vater grauset's, er reitet geschwind,
Er hält in Armen das ächzende Kind,
Erreicht den Hof mit Mühe und Not;
In seinen Armen das Kind war tot.

Eine besondere Methode, um mit der Natur in Zwiesprache zu treten und dabei Impulse und Antworten zu bekommen, ist die Visions-Suche oder Vision Quest. Dabei nimmt man sich eine bestimmte Strecke vor und beobachtet beim langsamen Gehen, was passiert: Wo fällt mein Blick hin? Welche Tiere, Pflanzen oder Menschen begegnen mir? Was lese ich? Welche Gedanken kommen mir spontan? Wichtig ist, dass man den Weg in Stille und für sich allein geht – nicht spricht und sich voll und ganz auf die Strecke konzentriert. Der kurze Weg vom Schloss Thalstein bis in den Park des Erlkönigs eignet sich dafür sehr gut. Ob du die Visions-Suche mit einer bestimmten Frage beginnst oder dich einfach inspirieren lässt, bleibt dir selbst überlassen. Setze dich danach hin, schreibe deine Eindrücke auf und reflektiere sie allein oder in der Gruppe.

Über die üppigen Wiesen nach Kunitz

Das Immergrün blüht im Sommer blau

HINWEISE ZUM SCHLUSS

❯ Rituale in der Natur achtsam zu begehen, setzt voraus, dass Pflanzen, Tiere und Menschen nicht gestört werden. Dazu gehört, dass nichts liegen gelassen wird, sondern alles wieder in den Rucksack kommt.

❯ Es ist ein schönes Zeichen, sich nach einem Ritual bei den Kraftorten in der Natur zu bedanken. Manche verwenden dafür Tabak oder Kupfermünzen. Wir sammeln entlang des Weges kleine Geschenke: eine schöne Blume, einen besonderen Stein, einen blühenden Zweig.
Wir nehmen aber nur solche Blüten und Zweige mit, die auf dem Weg liegen und schon abgebrochen wurden. Die mitgebrachten Kleinigkeiten in einer dankbaren Geste abzulegen ist Teil des Rituals und wird auch Ihnen viel Freude bereiten.

❯ Vorsicht mit offenem Feuer in der Natur! Inzwischen ist die Waldbrandgefahr an vielen Orten sehr groß.

❯ Die Zeitangaben zu den Wanderungen beziffern die reine Gehzeit. Wie intensiv Sie sich auf die Kraftorte einlassen und wie viel Zeit Sie dort verbringen, ist individuell und nicht allgemein planbar.

❯ Die Seele entscheidet, wohin sie will. So darf es Sie nicht wundern, wenn es beim spirituellen Wandern manchmal nicht möglich ist, einen Ort zu finden oder an einem bestimmten Tag an einen Ort zu gelangen. Sehen Sie es als Prozess und als Hinweis, und erzwingen Sie nichts. Manchmal ist es wichtig, einen Weg nicht zu gehen oder einen Umweg in Kauf zu nehmen oder Plätze mehrmals aufzusuchen.

❯ Und grundsätzliche gilt: Wandern geschieht auf eigene Gefahr.

© Andi Werner

© Birgit Pichler

Die Journalistin **Nikola Hollmann** und die Filmemacherin **Andrea Slavik** sind davon überzeugt, dass Kraftorte in der Natur dabei unterstützen zu heilen, zu klären und zu stärken. Wenn sie gemeinsam solche Plätze erkunden, interessieren sie sich vor allem für solche, an denen religiöse Traditionen und Kulte bis weit in vorgeschichtliche Zeiten reichen. An vielen dieser Orte haben sich die naturreligiösen Wurzeln mit den Heiligen und Legenden des Christentums vermischt.

Nikola Hollmann und Andrea Slavik sind Wanderführerinnen® im Deutschen Wanderverband und zertifizierte Natur- und Landschaftsführerinnen. Neben ihren Büchern bieten sie Wanderreisen und Begleitung zu solchen Kraftorten an.

www.spirituell-wandern.com

Bibliografische Information der Deutschen Nationalbibliothek
Die Deutsche Nationalbibliothek registriert diese Publikation in der Deutschen Nationalbibliografie; detaillierte bibliografische Daten im Internet unter https://d-nb.de.

1. Auflage
© 2022 mdv Mitteldeutscher Verlag GmbH, Halle (Saale)
www.mitteldeutscherverlag.de

Gesamtherstellung: Mitteldeutscher Verlag
Fotografien: © Nikola Hollmann und Andrea Slavik
Basiskarten und Daten: www.openstreetmap.org (© OpenStreetMap-Mitwirkende)

ISBN 978-3-96311-429-8

Printed in the EU